JN023846

つながる
ベトナム語会話

Giúp bạn kết nối với tiếng Việt

田原 洋樹

白水社

収録音源について

本書にはベトナム語音声を用意しています。収録箇所の頭出し番号は、

☞ Tr.002 のように記してあります。

弊社ホームページの以下のサイトから無料で
ダウンロードすることができます。

https://www.hakusuisha.co.jp/book/b609127.html

北部方言と南部方言の両方の音源を収録している会話例については、
区切り音をあいだに挟んでいます。それぞれの地域の響きを味わって
ください。

吹き込み者

Hoàng Phương Anh

Quốc Anh Borelo

Hà Thị Mỹ Hạnh

Phạm Thị Thuý Hiền

Sr. Đặng Thi Bích Liễu

Nguyễn Hoàng Minh

Tahara Phương Nam

Tahara Hiroki

装丁・本文レイアウト・イラスト：多田昭彦

はじめに

　春のよく晴れた日、玄界灘に面した海岸でピクニックしていました。「ボレロ」とよばれるベトナムの歌謡曲をスピーカーから流しながら海を眺めていると、おばあさんが近づいてきました。「ボレロじゃないですか、ベトナム人なの？」とベトナム語で尋ねてきます。「いえいえ、ボレロとベトナム語が大好きな日本人です。おばさまは？」「息子がこの近くの大学で数学の研究をやっているの。こんなところでベトナム語を話す日本人に出会うなんて、びっくり！」という会話が続きました。

　仕事や留学、研修で日本を訪れるベトナム人が急激に増えています。また、浅草、河口湖、伊勢神宮、京都などの観光地で耳をすませば、中国語や韓国語に交じって、ベトナム語も聞こえます。日本は、ベトナム人を魅了する観光地をたくさん擁している国なのです。そして、ベトナムを旅する日本人の中にはリピーターとなって何度もベトナムに「帰る」旅行者もかなりいます。

　ベトナムはこんなに身近な国で、ベトナム人はこんなに身近な存在なのですね。日本とベトナムのしなやかな結びつきを感じながら、「言葉で、もっとつながりたい」という声が上がっているのに気がつきました。そこで、日常生活や旅行先で出会うベトナム人と、もっと気軽に、もっと深く「つながる」ために役立つ表現をまとめてみました。

　ベトナム語の表現をチェックしてくださったのは、グエン・ホアン・ミン先生（南部出身・立命館アジア太平洋大学講師）、ダン・ティ・ビック・リエウさん（中部出身・福岡浄水通教会）、そして故・須田弥生さん（ハノイ在住 14 年）です。地域差が大きいベトナム語の表現を一冊にまとめることができたのは、現地事情に詳しい3 人のご協力のおかげです。「人間の移動と言葉」という視点は大栗佳奈さん（サントリー文化財団）とのやりとりに刺激されました。改めて感謝申し上げます。

　手に取ってくださるみなさんと、みなさんに出会うベトナム人が楽しく「つながる」ことを願って、この本を送り出します。

2022 年〜ベトナム語とつながって 32 年目の夏に

田原洋樹

目　次

第1部

1. はじめよう、つながるベトナム語

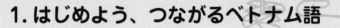（1）文字でつながる

　これからスタートするベトナム語。今までとは違う目、口、耳、そして手の使い方をすることになります。はじめは楽しく、入念に準備運動しませんか。まずは文字です。

● アルファベット　　　　　　　　　　　　　　　　　　　　Tr.002

A a	Ă ă	Â â	B b	C c	D d	Đ đ	E e
Ê ê	G g	H h	I i	K k	L l	M m	N n
O o	Ô ô	Ơ ơ	P p	Q q	R r	S s	T t
U u	Ư ư	V v	X x	Y y			

　英語や日本語のローマ字表記でよく見かける文字とだいたい同じで、ちょっと気になるのはときどき出てくる記号。ただの飾りではなく、文字の上や右肩にある記号もそれぞれ音の違いを示す大切な働きをしています。

　ベトナム人が手書きした文をいくつか見てみましょう。何と書いてあるか読めますか。

Tôi là người Việt Nam.

Tôi đang sống ở Nhật Bản.

　左の文は 40 代の女性の手書きで、**Tôi là người Việt Nam.** と書いてあります。「私はベトナム人です」の意味です。右は 20 代の男性が **Tôi đang sống ở Nhật Bản.** と書きました。「私は日本で生活しています」ということです。

どうですか。ここでは文字に親しみを感じることができればいいですね。自分でも書けそうだという気持ちになれば、すばらしいスタートです。

次にスマートフォンやパソコンでの
入力を考えましょう。

スマホではベトナム語入力のためのしくみが装備されているので、文字の入力方法を知っておけば、すぐにベトナム語を打つことができます。Windows のパソコンでは、ベトナムで一般的に使われている unikey というフリーソフトをダウンロードして使います。Macintosh ではベトナム語フォントが内蔵されています。

具体的な入力にはいくつかの方法がありますが、ここでは使い勝手と普及度を考慮して Vni 方式と Telex 方式のふたつを紹介します。どちらも、一般的なキーボードを用いながら、ベトナム語独特の記号を打つための「工夫」と考えられます。

	ă	â	ư	ê	ô	ơ
Vni	a8	a6	u7	e6	o6	o7
Telex	aw	aa	uw	ee	oo	ow

法則が見えてきましたか。次に、ベトナム語の大きな特徴である声調を表す記号の入力です。

	a	à	ả	ã	á	ạ
Vni	a	a2	a3	a4	a1	a5
Telex	a	af	ar	ax	as	aj

さっそく、「私はベトナム語を勉強する」Tôi học tiếng Việt. と

打ってみましょう。

Vni 方式なら Tooi hoc5 tie6ng1 Vie6t5. と、Telex 方式では Tooi hocj tieengs Vieetj. と入力します。

そして手書きの練習もしてみたら、目と手の準備運動は完了。

Tôi học tiếng Việt.

そうそう、ベトナム語の d は d と đ のふたつ。横棒がある đ は、Vni では d9、Telex なら dd と入力します。

「なんだか、ベトナム語とうまくやっていけそうな気がしてきた」という声が聞こえるようです。

コラム 「もっと文字を見てみたい」

パソコン入力全盛の今ですが、ベトナムの小学生たちは「美しい字の書き方」をきちんと学びます。具体的にどう学ぶのかを、ベトナムで小学校の先生だった人に聞いてみました。

まず、文頭の大文字をきれいに書きます。カリグラフィーのように、曲線をうまく使って美しさを出すようにします。それから、文字の高低にメリハリをつける。これは、たとえば、b、h、k などは縦のラインを十分に高く伸ばし、逆に g や y は下方向をしっかり書く、ということです。

また、丁寧に書くことも大切だ、と指導されます。小学 4 年や 5 年になると、「書き方コンテスト」があるそうです。家庭でも学校でも「はじめはゆっくりでもいいから、とにかく丁寧に書くことが重要。きれいな書き方が身につけば、速く書けるようになっても字は乱れない」と教えます。

「字に性格が表れる」という考えはベトナム語にもあって、以前には「字の占い」もありました。占ってもらった経験がある人に聞いてみると、こんな感じでした。

　筆記体のｌやｅで丸める部分が大きい人は大らかで快活な性格、逆に小さく書く人は他人に対して厳格な態度の持ち主。

　ｏの書き出しと書き終わりがきっちり結びつかず、きれいな丸にならない人はおしゃべりでにぎやかなタイプ。

　全体的に丸めの文字を書く人は創造性に富み、芸術家肌。反対に、鋭くとがった文字を書きがちな人は積極さや知的好奇心に恵まれている。

　ｔの横棒を長く書くのは決断力があり、情熱家タイプ。ただし、発想の柔軟性に欠ける傾向もある。横棒を短く書く人は怠け癖があるかもしれない。

　いずれも、「言われてみればなるほど」という感じですね。

　ほかにも、thư pháp と呼ばれるベトナム書道もあって、こちらは毛筆と墨を使ってローマ字アルファベットのベトナム語を書く、文字の芸術です。残念ながら、日本の書道とは違って学校教育の中で取り上げられることはなく、また日常生活に溶けこんでいるわけでもありません。私たちから見ると少しもったいない気もします。しかし、街中には作品を売る店が今もたくさんあります。運が良ければ、実際にベトナム書道を指南してもらったり、自分の名前を書いてもらったり、素敵な思い出が作れるでしょう。また、書店には thư pháp に関する本も並んでいます。お手本を見ながら、ベトナム書道を楽しむのもいいですね。

🏮(2) 母音でつながる

　先に文字を見てきたので、ここからしばらくはどの文字がどんな音を表すのかを確認しましょう。

　まずは母音です。「母音といえばアイウエオ」という名言がありますが、これは日本語のこと。でも、ベトナム語の母音を考えるとき、大いに参考になります。

ベトナム語のアは3つ

a 日本語の「ア」と同じように口を大きく開ける。長く発音するのがコツ。

ă aと同じ音を短く発音する。aが♩四分音符とすれば、ăは♪。

â 「ア」と「オ」の間のような音。♪を意識して短く発音する。

ベトナム語のイはひとつ

iと**y**　文字の使い分けはあるが、音は同じ。日本語の「イ」を長めに。

ウは「思いっきり丸いウ」と「イの口でウ」

u 唇を狭く丸めて、前に突き出して「ウー」と長く発音。このとき目をつぶるとキスシーンになってしまうかも。

ư こちらは「丸くないウ」。まず「イー」と言ってみる。その口の開きを維持して「ウー」。別名は「イの口（クチ）でウ」。

エは「大口のエ」と「イに近いエ」

e 口を大きく開き、明るく「エー」と発音する。

ê 「イー」と発音して、そのままゆっくりと口を広げていき「エ」に移っていく。完全に開いてしまうと e なので、そのちょっと

手前、より「イ」に近くて口の開きが狭めの「エ」を出してみる。

ベトナム語のオは3種類

o 大口の「オー」。口を大きく開ける。

ô o ほどは口を開けず、唇の形は丸い。「ほー、ほー」とうなず
くときの「ほー」。発音するときに鏡を見て、唇が丸みを帯び
ていたら合格です。

ơ â と同じく、「ア」と「オ」の間のような音。â は短く、ơ は
長く発音する。

身近に鏡があれば、自分の口元を映しながら発音してみてくださ
い。恥ずかしいのは最初のうちだけですね。遠回りみたいですが、
音をきちんと身につけておくことこそが、ベトナム語が「つながる」
ツールとして役に立つのか役に立たないのかを左右します。

続いて二重母音を見てみましょう。はじめの母音を強く長く発音
するのがコツです。

ia 「イア」の「イ」の方を強く長く発音してみる。

iê 「イエ」の「イ」を強く長く発音して、「イ」に近い「エ」を
後に添える。なお、この二重母音で始まる語は yê とつづる。

ua と **uô** u を強く長く。後に子音があるときは uô とつづる。

ưa と **ươ** ư を強く長く発音。後に子音があるときには ươ。

ここまでの説明を読んだら、次のページの図と自分の口の開けか
たを見比べてみましょう。

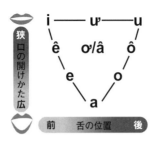

狭 口の開けかた 広

i — ư — u
ê ơ/â ô
e o
a

前 舌の位置 後

　「イ」を発音してからだんだん口を広げていくと「ア」に到着します。そして、その途中に日本語の「エ」が聞こえます。でも、ベトナム語では、「エ」のうち、「イ」に近い「エ」と、「ア」の方に近い大口で明るい音の「エ」と、２種類の「エ」に切り分けるのです。

　ベトナム語の母音を発音し分けると考えれば難しそうですが、ベトナム語の音の切り分けかたに馴染むことを意識すれば、意外と楽しいものなのかもしれませんね。

　たとえば Việt Nam はふたつのかたまりでできている語です。このかたまりを音節と呼びます。音節は、頭子音・母音・末子音・声調という骨格を持っています。頭子音が文字に顕われていないものや、末子音を持たない音節もありますので、ゆっくり説明していきますね。

コラム 「名前を正しく呼びたい！」

　いま考えても冗談のような話なのですが、ホーチミン市での留学生活で最初にお世話になった下宿先はトゥーさんとトゥーさん姉妹のお宅でした。ベンタン市場からチョロンの方向に自転車を漕いで、中国語の看板が目立つようになったら右側の路地に入る。静かな邸宅で、何不自由ない下宿生活、のはずだったのですが、ベトナム語初心者には、この姉妹の

名前の区別がつかずに大変でした。カタカナで書けば同じです。当時のベトナム語力は耳も口もだいたいカタカナレベルですから、お姉さんの **Thu** さんと妹さんの **Thư** さんの違いが分からなかったのです。

　あの頃の自分に声をかけられるとしたら、「口元をよく見るんだよ」と言ってあげたいですね。お姉さんを呼ぶときは唇を丸くして前に突き出すように、妹さんと話すときには口を横に引いて、「イ」を発音する形で「ウ」と発音するんだよ、というひとことで、かなり救われると思います。誰だって、自分の名前を正しく呼んでほしいし、相手の名前を間違えずに呼びたいものです。

　それから、「フオン」さん問題も悩ましかったですね。といっても、フオンさんに問題があるのではなく、こちらのベトナム語が未熟だっただけなのですが。

　カタカナで書けば同じ「フオン」さん。しかし、正しい名前にはいくつか候補があります。ちょっと見ておきましょうか。

　Hương「香り」の「香」。これは女性の名前として頻繁に目にします。そして、綴りは似ているものの声調が異なる **Hường**。「紅」を表す **Hồng**（ホン）の変音です。**Phương**「芳しい」の「芳」は男女問わず多く見かける名前。コツは語のはじめの **ph** でしっかり下唇を上の歯で押さえて発音すること。英語の **f** の音を出すのと同じです。これで **Hương** さんと区別できます。さらには **Phượng**「鳳」を表す **Phụng**（フン）の変音もあります。

　みなさんの身近にいる「フオン」さんは、どの「フオン」さんでしょうか。早めに確認しておけば、勘違いで不穏な雰囲気になってしまうのを回避できますね。

✿ (3) 子音でつながる ― 頭子音

　唇や歯、舌などを使って作る子音のうち、まずは頭子音を見てみましょう。ベトナムは南北に長い国で、言葉の地域差も大きな国です。ここでは、私たちに身近なハノイ（北部＝**北**）とホーチミン市（南部＝**南**）の2種類を説明します。

b-	日本語の「バ行」の子音とだいたい同じ。
c-,k-,qu-	いずれも「カ行」の子音。後に母音 i,ê,e や二重母音 ia,iê がつづくときには k- とつづる。息が強く出ないように注意しよう。なお、q はいつも u をともない qu- のかたち。北部では c-,k- と同じ音、南部ではアヒルが「クワッ」となくような音。
ch-, tr-	どちらも「チャ行」の子音。南部では舌を上あごに強く反らせ tr- を発音する。
d-,gi-,r-	北部では「ザ行」の子音。di や ri は「ジ」ではなく〔ズィ〕。gi- は2文字で「ザ行」子音を表すので、gia は「ジアー」ではなく〔ザー〕。南部では d- と gi は「ヤ行」の子音。r- は巻き舌に近い音。
đ	横棒がある đ は「ダ行」の子音とほぼ同じ。ただし、舌の先端は前歯裏ではなく歯茎につく。đi は〔ディー〕、đu は〔ドゥー〕。
g-, gh-	「ガ行」の音を喉奥から強く出す。後の母音が i,ê,e や ia,iê のときは gh とつづる。
h-	日本語の「ハ」「ヘ」「ホ」の子音とほぼ同じ。
kh-	うがいみたいに喉奥で空気を擦らせる。「青春のバッカヤロー」と叫ぶときの「カ」。

l-	日本語の「ラ行」とは違い、舌の先端が歯茎につき、英語の l- と同じ発音。
m- と **n-**	それぞれ日本語の「マ行」と「ナ行」の子音。
ng- と **ngh-**	「鼻にかかったガ行」。学生時代に放送部や合唱部に所属していた人には懐かしい「んガ」。後の母音が i,ê,e や ia,iê のときは ngh とつづる。
nh-	「ニャンコ」というときの「ニャ」の子音。
p-	「パ行」の子音。外来語を表記するときに使う。
ph-	2文字でひとつの子音。英語の f と同じ音。強い「パ」の音ではないことに注意。
s-, x-	北部では「サ行」の子音。si や xi を〔スィー〕と発音するように。南部では、異なるふたつの音。x- は「サ行」の子音。s- は舌を反らせて、「シャ行」の音にする。
t-	「タ行」の子音。息が強く出ないように。ti は〔ティー〕、tu は〔トゥー〕。
th-	「タ行」の子音を、強い息とともに発音する。口の前にティッシュペーパーをかざして ta と tha を発音してみる。ティッシュが前に強く揺れたら tha。ここでも、thi〔ティー〕、thu〔トゥー〕となるように気を付けたい。
v-	英語の v と同じ。ただし、南部のローカルな会話や高齢者の発音では「ヤ行」。

　なお、このほかに、母音で始まるすべての音節には頭子音として声立ての準備音（声門閉鎖音）がついています。母音を発音するために声門をいったん閉じる音で、日本語では「あっあっ」というときの、2度目の「あ」についている小さな「っ」です。

　ベトナム語を学び始めたのは 1991 年。日本からの直行フライトはなく、観光ビザが必要で、しかもその申請すら大変な作業で、「遠い国」でした。その後、日越関係は発展の一途で、今は日本国内の観光地や大都市を歩いているときに耳にする外国語がベトナム語である確率がかなり高くなりました。

　そんな「近い国」ベトナムの言葉の中で、日本人に身近なベトナム語の単語は何かを考えてみました。もちろんトップはベトナム Việt Nam ですね。ただし、日本語の「ベトナム」という音を聞いて、それが Việt Nam だと直ちに気付くベトナム人は多くないはずです。日本語の音とベトナム語の音がかけ離れているのは、実際に発音してみるとよく分かりますね。Việt Nam をカタカナにするなら、ヴィエッ（ト）ナー（ム）と書いて、（ト）は発音する準備で寸止めする、（ム）は口を閉じたまま終わる、と注を書くことになるでしょう。

　この本は、ベトナム語を勉強し始めた人とベトナム人の「つながり」を演出したくて書きました。だから、ベトナム語の音の難しさを強調するのには抵抗があるのですが、本当は Việt Nam のたった一語でもこんなに複雑なのです。そこを逆手に取って、ベトナム人の友だちができたら、まずは Việt Nam で発音練習して、ベトナム語の音に親しむ、なんて楽しみ方を見出してくださったら幸せです。

　さて、日本の外務省は、今でこそ「ベトナム」と表記しますが、2002 年までは「ヴィエトナム」と書いていました。これは、「できるだけ原音に忠実に表記する」という基本方針があったためです。なるほど、「ヴィエトナム」はベトナ

ム語の Việt Nam に近い感じがしますが、カタカナの字数は多いし、世間一般の慣用から乖離している、だから「ベトナム」と表記するように舵を切ったのでしょう。

　同様に、ベトナム人が「まさかベトナム語だとは思わなかった」ものに「ニョクマム」があります。初めは、ニョ、ニョクマム !? びっくりしました。nước mắm と綴るので、外務省の旧スタイルに即してできるだけ原音に忠実にルビを振るなら「ヌオックマム」となります。このとき、クを寸止めする、ムは口を閉じたままというルールを意識すれば、精度はかなり上がるはずです。「ヌクマム」「ニョクナム」などのバリエーションがありましたが、後者の「ニョクナム」はニョクマムとベトナムが混線している感じですね。

　そうそう、ヌオックマムって料理の隠し味にも便利です。ホウレンソウのごまあえに、ほんの少しだけヌオックマムを垂らしてみると、コクと風味が 3 割増しくらいになります。原料はカタクチイワシなので、精進料理ではなくなりますが ...。パスタのミートソースやおでんの下味にも最適です。

　いつもキッチンにヌオックマムを！ そしてもちろん、いつもお手元にこの本を！

🏮 (4) 子音でつながる ― 末子音

音節末の子音を3つに分けて見ていきます。

① -p, -t, -c, -ch は「寸止め」。音を作る準備をして、そこでストップ。ベトナム初心者のショッピングをイメージしつつ、「やっぱり、ぼったくり。がっくり、どっきり」をゆっくり発音しながら、小さな「っ」で寸止めする練習をしてみましょう。

-p　「やっぱり」の「ぱ」を発音せずに小さな「っ」で寸止め。「ぱ」を発音する途中だったので、唇は閉じたまま。

-t　「ぼったくり」の「た」を発音せずに小さな「っ」で寸止め。舌の先が前歯裏側の歯茎にくっついたままで離れていなければ正しい。

-c　心底がっかりした気持ちで「がっくり」と言ってみよう。そして「がっくり」の「く」を発音せずに小さな「っ」で止める。

-ch　「どっきり」の「き」を発音しないで、小さな「っ」で寸止めする。

②どれも「ん」に聞こえる -m, -n, -ng, nh は唇の形や舌の位置などを意識しつつ、水族館で練習してみましょう。

-m　「サンマ」の「ン」。日本語で「マ行」「バ行」「パ行」の音を出すときの寸止め。唇は閉じたまま。

-n　「マンタ」の「ン」。舌先が前歯裏側の付け根にくっついていますか。

-ng　「アンコウ」の「ン」。舌は口の中の低い位置で、鼻から息を抜くように「ン」を発音する。

-nh　「イソギンチャク」の「ン」に近い音。「イ」の口で、舌を上

あごにつけて、鼻から空気を抜きながら「ン」を発音する。志村けんの「アイーン」の「ン」を真似するとよいでしょう。もちろん、手の動きは不要です。

③ a の後に -i, -y, -o, -u がある場合
それぞれ母音の文字ですが、末子音として扱います。
-ai 「アーイ」と、長い「ア」の後に短くて弱い「イ」を添える。
-ay 「アイー」と、イの方が長い。
-ao 長い「アー」に「オ」を短く軽く添える。
-au 軽めの「ア」に、「ウー」を長くしっかり発音する。

もう一歩進めてみましょう。教室で授業しているときに、何度も繰り返して指導するのが「唇を閉じる、閉じない」ということです。次の点を特に意識してみてください。

(1) -p と -m では必ず唇が閉じています。パ行やマ行の音を出す「寸止め」ですから、唇はピタリと閉じているわけですね。
(2) 母音が o, ô, u のいずれかで、末子音が -c か -ng の場合も唇をしっかり閉じましょう。

-c で終わる音節は息を喉もとでぐっと止めて、口を閉じます。このとき、行き場を失った空気が口の中に溜まるので、頬がふくらみます。
音節末が -ng なら、鼻から空気を抜きながら口を閉じるのです。
「唇を閉じる」までを含めたのが「発音する」ですから、言い終わって、「あっ。唇閉じるの、忘れた」と思い出して、パクっと口を閉じてもダメなのです。

　ベトナム人の先生に習い始めたころ、先生の口元をよく観察するように、と言われました。「音は耳で学ぶのでは？」と不思議に感じましたが、口を閉じる・閉じないという区別は耳だけではなかなか分からなかったです。

　とりあえず先生の真似をしながら、自分の唇を操縦してみる。ときどき "Đúng rồi!"「正解！」とほめられる。でも、なぜほめられたのかが分からない。何回か発音して、そのうちの１回ができるようになっても、実際のコミュニケーションでは使えないのですね。まぐれ当たりはダメなのです。

　そこで、ひと工夫してみました。テキストを予習するときに、口を閉じるところを□で囲んでおくのです。口を閉じる・閉じないのルールを見ながら、 Ông Nam có khỏe không ？のように、です。率直に言って、これは時間がかかる作業でした。そもそも、音の勉強なのに手と目を使っている、というなんとなく後ろめたい気持ちにもなりますね。

　しかし、慣れてくると、まずはテキスト音読で効果が出てきました。そりゃそうですね、「ここで閉じる」って自分でメモしてあるわけですから。そのうちに、文字を見ずに会話練習をしても、閉じる・閉じないが区別できました。「閉じる」ルールがきちんと体に沁みこんだのです。

　ベトナム語を学び始めたばかりの学生たちと教室で会うとき、「先生の口元をよく見てね」と、今度はこのセリフを私が言う番になりました。

　ベトナム＝南国のイメージがありますね。西北部の山岳地帯を除いて、基本的には tuyết「雪」とは無縁のお国柄です。白くまばゆい雪に憧れるベトナム人のセンスが光るのは、喫茶店のメニュー。kem tuyết の文字が目に入ります。kem は「クリーム」「アイスクリーム」の意味ですが、雪アイスクリームとは？ 細かくかいた氷を雪に見立てたかき氷でした。街のコンビニでは、スティック状の kem tuyết を売っています。ガリガリと前歯で楽しむ「シャーベット」とか「氷菓子」のイメージです。

　甘くない雪も欲しい左党の私が街歩きしていると、bia tuyết の文字！ bia「ビール」を見た瞬間に、のどがスタンバイしました。それにしても雪ビールとは何事か。まもなくジョッキごとギンギンに冷えたビールが、白い泡をかぶって出てきました。この泡を雪にたとえたのだと感心しながら飲むとびっくり。泡というよりビールのシャーベットなのです。我が家でベトナム人をおもてなしするときには、新潟の純米酒を冷凍庫で凍らせた凍結酒を出します。グラスの中はシャーベット状の日本酒。sake tuyết と歓声が上がります。口当たりのよさに酒が進み、友情も深まります。

　ベトナムで雪になったり、日本では神になったり、ビールの泡も大忙しですね。

🏮(5) 声調でつながる

　ベトナム語を始めたばかりのころ、「音楽のように音が上がったり下がったりする」とか「まるで歌うみたいだ」と思いました。多くの学習者が「歌のようだ」という印象を持つようで、また実際に、歌が上手な人はベトナム語の上達が早く、ベトナム人の知人も歌が上手な人ばかりです。

　こういうイメージは、ベトナム語には6種類の声調があることと関連しています。では、どんな声調があるのか、ma を例にして、「音の高低」と「音の変化」を一緒に考えてみましょう。

ma（記号なし）　日本語の「マー」をやや高い声で、平らに発音してみます。

mà（記号`）　日本語の「マー」をかなり低い声で発音し始め、そのまま声の調子を下げていく。友達をなだめるときの「まあまあ」の「マー」でしょうか。

mả（記号ˀ）　やや死語化していますが、「エー!? うっそー」の「エー」のイメージで、エーを低く下げながら発音します。北ではかなり低い音から始め、他方で一度下げた後に元の高さを目指して緩やかに再上昇させると南部方言の音になります。

mã　（記号˜）　北部方言では、高めに出した「マー」を途中で断絶させ、その直後に緊張気味に高く続けます。「マアッァ」を高めの声でセクシーに発音して

みてください。南では mả との区別がありませ
ん。「エー!?」を途中で断絶しないで、あいま
いにゆるやかに上昇させるつもりで、ギャル風
に言う感じで「マー」と発音します。

má（記号 ´） びっくりしたときの「えーっ！」のように、「マー」
を途中から急に高く発音します。

mạ（記号 .） 重苦しい気持ちで「マ」と、喉の奥で詰めるよ
うに、そして声を押し殺すように、短く発音し
ます。南では、押し殺した後もしばらく音を引
きのばすように発音するので、やや長めに聞こ
えます。押し殺しの度合いも浅めです。

　音を文字で説明するのは難しいし、説明を読んだだけで正しく発
音するのはいっそう難しいことです。これまでの説明を参考にしな
がら、身の回りにいるベトナム人の友人知人と何度も練習してみる
といいでしょう。

　ベトナム最大の都市、ホーチミン市を中心とする南部を旅すると、「ベトナム語ってふんわりやわらかい音だなあ」と感じることが多いです。頭子音に「ザ行」の音がないのでやさしく聞こえるほかに、声調に特徴的な地域差があるからです。そこで、南部方言のスパイスをひと振り。

　まずは、mã と mả の区別がないこと。しかも、途中で断絶して、直後にキリリと高めの音を続ける北部方言の mã がなく、ふんわりゆるやかと上下する mã と mả はやわらかさを形づくる大きな要素ですね。あわせて、mả の「音の変化」自体も北部と南部では異なるので、ベトナムを代表する麺料理の phở（フォー）の音も違って聞こえます。

　それから、mạ の声調にも南部方言の独特さを感じます。北部では短く、重々しく「マッ」と発音します。凛とした響きです。南部では、名残惜しそうに、甘く切なく引っ張るように「マーッ」。

　ベトナム人と親しくなると、「北部方言と南部方言、どちらが好き？」と尋ねられます。これは悪魔的な質問ですね。ベトナム人は、自分が話すベトナム語こそが「ザ・ベトナム語」だと信じていることが多いのです。北部方言の話者にとってはキリリとした北部方言が正統なベトナム語だ、首都ハノイの言葉だという強烈なプライドがあります。他方で、南部方言を話す人たちには、ふんわりやわらかな南部の音で冗談やシャレを混ぜながらコミュニケーションをとるのがベトナムスタイルです。

　私たちは外国人だから、双方の魅力を「いいとこ取り」すればいいのではないかと思います。

SNS は字数に制限があるケースと、それから「早く書きたい」「早く反応したい」というスピード感の点から、独特な略語が飛び交う空間です。

"a nc vs e đc ko?" 「君とお話しできる？」

đ がベトナム語らしさを感じさせますが、それ以外はさっぱり分かりません。これを「変換」すると Anh nói chuyện với em được không? になります。このふたつを見比べると、単語の頭文字を取っているとか、頭文字を組み合わせているといった成り立ちが見えてきます。vs は với「と一緒に、〜に対して」の意味ですが、英語の versus に由来しているのでしょう。

私が好きな略語は nyc。これは New York city、ではなくて người yêu cũ「昔の恋人」の意味で、ネット上の恋愛相談室などをチェックしているときに頻繁に出くわす語です。彼氏が元カノに会っています、どうしましょう、などのお悩みは日越共通みたいです。

そうそう、わざと綴りを書き崩すのも流行っています。"e iu a." は "Em yêu anh."「愛しているよ」だし、"iu e nhiu" なら "Yêu em nhiều."「大好きだよ」の意味です。yêu を iu と書くなんてケシカラン！yêu nhiều「大好き」を iu nhiu なんてうらやまケシカラン！と中年語学教師の私は赤ペン片手に叫んでいるのですが、時代の流れや若者の造語パワーの前には非力です。

27

2. しっくりつながろう

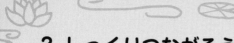

🏮 (1)「私」と「あなた」の選び方

　外国語を学び始めると、真っ先に知りたいことのひとつは「私」をどう言うのか、「あなた」をどう呼ぶのか、です。ところが、ベトナム語ではこれがちょっと複雑。

Tr.003

　Bạn tên là gì?　　あなた、名前は何ですか。
　Tôi tên là Minh.　私、名前はミンです。

　bạn が「あなた」、tôi は「私」です。なーんだ、簡単じゃないですか、という声が聞こえましたが、ベトナム人同士の実際の会話を聞いていると tôi はあまり出てこないし、話す相手によって bạn 以外の「あなた」、さまざまな「私」を使い分けています。

　ベトナム人の専門家に聞いてみました。tôi は相手との関係がどうであっても使える、便利な「私」です。でも、実際に人間関係がなければ、親しい会話は弾みませんよね。だから、公的な場面や文書、ビジネスのやり取りなど、人間関係無味無臭のシーンでは tôi を使う、それ以外のコミュニケーションでは、ベトナム人ならその場その場にふさわしい「私」を選んで使い分けるのです。

　一方、bạn はもともと「友達」を意味する語です。だから、世代が違う外国人のあなたに bạn と声をかけられたら、はじめは「？」と思うかもしれません。tôi と同様に、会話の場面や相手との距離に応じて「あなた」を使い分ける練習が必要です。

　つまり、相手との人間関係に応じて、「私」と「あなた」を選んでいくのです。初心者がここでベトナム語を投げ出すのも、ちょっと

だけ分かる気がします。

　でも、これからベトナム語を話す相手とあなたには、まだ深い人間関係が構築されてはいませんよね。だから、まずは Minh san, Nam san と相手の名前に「さん」をつけて呼んでみませんか。日本で生活しているベトナム人なら分かってくれるはずです。黙っているよりは、少しでもベトナム語を話しましょうよ。そして、相手との関係性が出てきたら、適切な呼び方を考えればいい…。そんな、しなやかなつながりからスタートしてみませんか。

しっかりつながる

> まずは Bạn tên là gì? で名前を聞く。
> 「あなた」は名前＋ san で、「私」は tôi で会話してみる

　ちなみに、同世代の親しい間柄では、「あなた」を相手の名前で呼び、「私」を自分の名前で呼びます。老若男女問わず、です。名前さえ分かれば、これが一番シンプルな「私」と「あなた」でしょう。
　さあ、つぎは「こんにちは」をどう言うのかを考えます。

Xin chào.	こんにちは。
Chào Minh san.	ミンさん、こんにちは。
Chào Hiroko san.	ひろこさん、こんにちは。

　朝から夜まで、いつ会っても Xin chào. 相手が誰でも Xin chào. これなら便利だ！と思いがちですが、実はベトナム人同士ではあまり使わない表現です。それは丁寧すぎて、親しさが感じられないからです。また、名前で呼んでもらったら、親近感が湧いて、うれしいですね。こちらも名前で呼び返しましょう。

この2文をよく見てください。

Tr.005

Chào bạn. 　　こんにちは。
Chào các bạn. 　こんにちは。

cácについて書くつもりだなという推理、大当たりです。bạn は「友達」を意味する語で、「あなた」として使われると説明しました。名前を知らない人にあいさつするなら Chào bạn. ですね。相手がひとりではなく複数だったら、các の出番です。các をつけて、複数を表します。使い方の細かいルールはあとで見ることにします。

しっかりつながる

> はじめは Xin chào.
> 付き合いが深まったら、もっとベトナム語らしく

ベトナム語らしい「私」と「あなた」をもう少し知りたい方のために、このあとで具体的に説明します。あなたが話しかけたいベトナム人はどんな世代に属していますか。

- 自分より若い人とつながる（弟妹世代）　　➡ 32 ページへ
- 自分と歳の差がある人とつながる　　　　➡ 36 ページへ
- 自分の同世代の人とつながる　　　　　　➡ 40 ページへ
- 仕事上のお付き合い、社交の関係でつながる　➡ 44 ページへ

　実際のコミュニケーションにはあらゆる世代の人が登場してきますから、どのパターンもうまく使えるようになることを最終目標にしましょう。

　ベトナム語の **Thế à?** 「そうですか」を習った途端に、いろいろなコミュニケーションの場面を **Thế à?** のひとことで乗り切ろうとした知人がいます。「彼のベトナム語は何を言っているのかよく分からないけれど、**Thế à?** だけは素晴らしい。声のトーンも、発話のタイミングも完璧」という不思議な評価を得ていた『あいづちの達人』です。

　南部では **Vậy hả?**、さらに中部のフエでは **Rứa hỉ?**。いずれも「そうなんだ」とか「そうなの」のニュアンスです。こうなったら、あいづちの地域差にも熟達して、真の『あいづちの達人』を目指しましょう。次のセリフも会話を弾ませる、便利な表現。

🄑**Đấy!**　🄝**Đó!**　そう。そうそう。

　確かに、会話を長続きさせるためには、上手なあいづちも必要ですね。こんな表現も覚えておくと便利でしょう。

Chắc chắn, phải không?　絶対？

Ừ, chắc chắn.　　　　　　うん、絶対に。

　「絶対に」と答えるほどの確実さがない場合には、

Có lẽ.　たぶん。

Có thể.　かもね。

　さて、南部方言では、これこそ『黄金のあいづち』。

Dạ.　はい。

　「ヤァ」と、低めにゆっくり落ち着いて発音します。これは日本語の「はい」と同じで、Yes にも No にも使える「はい」です。しかも礼儀正しい表現。外国人だからって、無礼なベトナム語は話したくないですよね。

🏮 (2) 自分より若い人とつながる

　ここでは、自分の妹や弟世代のベトナム人とのコミュニケーションを見てみます。

Tr.006

Chào em.

　（あなたから、自分よりも若いベトナム人に）こんにちは。

Chào các em.

　（あなたから、自分より若い複数のベトナム人に）こんにちは。

Em có khỏe không?

　（あなたから、自分よりも若いベトナム人に）元気ですか。

Em khỏe.

　（あなたよりも若いベトナム人が、あなたに対して）私は元気です。

　近所で出会ったベトナム人に、はじめは ban で話しかけていたのですが、あなたより少し年下の相手から em と呼んでほしいと言われました。さっそく、ban や các ban と em、các em を入れ替えてあいさつしませんか。

　もともと em は、家族や親戚関係の中で使う語です。自分より後に生まれてきた世代、特に弟や妹を指す語です。そこから、弟や妹世代の人と話すときに em を使って呼び、また実際の年齢とは関係なく、自分にとって弟や妹のような存在の人を親しく呼ぶときにも em を使います。相手が複数なら、em ではなく các em を使います。

　相手の答え方を見てください。em を使っていますね。「私」と「あなた」は同じ語を互いに使いあうのが自然なベトナム語のコミュニケーションです。

　つづいて「元気ですか」の尋ね方です。khỏe が「元気だ」を意味します。

しっかりつながる

> 主語＋ có ＋状態や性質を示す語＋ không?
> …は〜ですか。

Chị có khỏe không?

Tr.007

（相手からあなた **女** へ）あなたは元気ですか。

Chị khỏe.

（あなた **女** から相手へ）私は元気です。

Anh có khỏe không?

（相手からあなた **男** へ）あなたは元気ですか。

Anh không khỏe.

（あなた **男** から相手へ）私は元気ではありません。

　まずは、読者のあなたが女性の場合を練習します。相手はあなたを chị と呼び、あなたは自分のことを chị で表します。chị は「姉」の意味です。

　次の例では anh「兄」を使って会話していますね。あなたが男性であるケースの練習です。状態や性質を示す語の直前に không を置くと否定文ができるので、không khỏe は「元気でない」です。

しっかりつながる

> 主語＋ không ＋状態や性質を示す語
> …は〜ではありません

　chị は姉、anh は兄を意味するので、anh em と言えば「兄弟」です。また、chị em は「姉妹」です。出会って、少しのベトナム語で話しただけなのに、もうベトナム人の妹や弟ができてしまった感じがし

ますね。

Tr.008

Em có khỏe không?

（先生からあなたへ）あなたは元気ですか。

Em khỏe.

（あなたから先生へ）私は元気です。

Thầy có khỏe không?

（あなたから先生 男 へ）先生は元気ですか。

Cô có khỏe không?

（あなたから先生 女 へ ）先生は元気ですか。

学校の先生は学生を em と呼びます。学生は自分のことを em と言います。ベトナム語のレッスンを始めたら、一番早く覚える語かもしれません。

em を使う場面をほかにも見ておきましょう。

Tr.009

Anh yêu em.

（あなた 男 から 女 へ）愛しています。

Em yêu anh.

（あなた 女 から 男 へ）愛しています。

恋人同士や夫婦など愛し合う男女間では、男性は相手を em と呼び、自分のことは anh です。女性は男性を anh と呼んで、「私」は em を使います。さらに、この関係で自分を tôi と呼ぶのは、ケンカしているときや何かしっくりしていないときです。読者のみなさんに実用的かどうか微妙ですが、ご参考まで。

最後に、ベトナム人がこんな風にあいさつしてくれたら…

Tr.010

Em chào anh ạ.

（相手からあなた 男 へ）こんにちは。

Em chào chị ạ.

（相手からあなた 女 へ）こんにちは。

これはとても丁寧な表現で、敬意が込められています。Xin chào「こんにちは」で出てきた chào は「あいさつする」という動詞です。また、文末についている ạ は、敬意を込めるときに使う語で、文全体では「私はあなたにごあいさつします」の意味になります。

遠い国からやってきた若者が私たちに丁寧にあいさつしてくれる。また、旅先のハノイやホーチミン市で私たちを見かけたベトナムの青年が礼儀正しく声をかけてくるシーンを想像してみましょう。

そうそう、"Ạ." だけでもあいさつになるのです。まだ上手におしゃべりできない乳幼児に、母親が "Ạ đi con!" と繰り返すのを見るかもしれません。「ごあいさつしなさい」という意味です。ベトナムの子どもが胸の前で腕を組んで "Ạ!" とゆっくり言ってきたら、それも丁寧なあいさつです。

私たちも、もう少しベトナム語を知って、楽しくつながりたいですね。

35

🏮 (3) 自分と歳の差がある人とつながる

　歳の差がある人、たとえば自分の叔父さんや伯母さん世代のベトナム人と出会ったら、どのように呼び合えばいいのでしょうか。

Tr.011

Việt san có khỏe không?　ベトさん、元気ですか。

　日本国内でのコミュニケーションで、相手の名前が分かるなら、このように名前＋さん付けでお呼びすれば失礼にはなりません。沈黙せずに、どんどん話していけばいいです。では、名前を知らないときには？ いくつか便利な語を紹介します。

Chào chú.　　　（叔父と同世代の相手男へ）こんにちは。
Chào cô.　　　 （叔母と同世代の相手女へ）こんにちは。
Chào bác　　　 （自分の両親よりも上の世代、伯父伯母世代の人へ）
　　　　　　　　　こんにちは。

　chú は「叔父」、cô は「叔母」を意味する語で、これらを「私」や「あなた」などに用います。相手との年齢差をいっそう感じるなら、cô や chú ではなく bác を使います。これは「伯父、伯母」を意味する語で、相手の性差にかかわらず使えます。
　相手を bác や chú、cô で呼ぶ会話シーンとは、知り合ったベトナム人が年上の人だったとか、ベトナム人のおうちに呼ばれて両親を紹介されるなど、ですね。自分の両親と比較して年上か年下かは、なかなか正確には分かりません。出会ってすぐに年齢を聞くわけではないので。したがって、あくまでも話し手の主観的判断に基づいて選べばよいのです。

chú と呼んでいたけれど、もっと年長だと分かったから bác と呼びたいですって？ もちろん大丈夫です。お付き合いの進展に合わせて、呼び方が途中で変わってもいいのです。

　今度は別のケースを見てみましょう。

Tr.012

Chào cháu.（自分よりもだいぶ年下、自分の子供と同世代の人
　　　　　　　　に対して）**北**こんにちは。
Chào con.　（ほぼ同様に）**南**こんにちは。

　これは「あなたから見て、ずっと年上のベトナム人があなたにあいさつしている」、または「あなたが、あなたから見てずっと年下のベトナム人に対してあいさつしている」シーンです。現実のコミュニケーションには場面や前後の会話がありますから、勘違いすることはまずありません。

　「あいさつする」chào の後についている cháu は自分よりずっと後に生まれてきた世代の人を呼ぶ語で、親族の中では甥っ子、姪っ子、孫などを指します。ベトナム語の資料には「概ね 20 年以上離れている場合に使う」と説明しているものもあります。一方で、con は「子供」の意味です。我が子や、我が子と同世代の子どもを呼ぶときに用います。

Con có khỏe không?　（自分よりもだいぶ年下、自分の子供
　　　　　　　　　　　　と同世代の人に対して）**南**こんにちは。
Cháu có khỏe không?　（同様に）**北**こんにちは。

　南北に長いベトナムでは言葉にも地域差があり、経験的に南部では con を使うことが多く、一方で北部や北部出身者の会話では

37

cháu が頻繁に用いられています。

　北や南で違うことが分かっても、相手のベトナム人がどこの出身かが分からなければ … とお嘆きのあなたへアドバイス。一番簡単なのは、相手が自分自身のことやあなたを、つまり「私」や「あなた」をどう言っているのかに気を付けてみればいいのです。そして、相手が自称に使っている語を、あなたも使えばいいのです。もう一度、黄金ルールを思い出しましょう。

しっかりつながる

> 「私」と「あなた」は同じ語を互いに使いあうのが自然なベトナム語のコミュニケーション

　若い人に chú や bác と呼びかけられるのは、年長者に対する相手の敬意を感じられるので悪くはないのですが、ベトナムポップスの有名曲 "Đừng gọi anh bằng chú"（僕をおじさんと呼ばないでくれ）のタイトルが示しているとおり、anh と呼ばれる方が気分はいいですね。

　ほどほどに年長者扱いしてほしい。そんな我がままな外国人の私は、レストランや喫茶店で chú とか bác と呼ぶ店員さんをつかまえては "Đừng gọi anh bằng chú." と言って、ベトナム人との距離を縮める日々です。

　職業柄、ベトナム語が聞こえてくると、どうしても気になってしまいます。悪気はないのですが、耳は自然とダンボ状態。

男：Anh yêu em.

女：Em yêu anh.

　博多行きの「のぞみ」で私の後ろに座ったのはベトナム人のカップル。すぐ前に座っているのがベトナム語ひとすじ何十年という日本人だとも知らず、ささやき合っています。

　この会話に「私はあなたを愛しています」と文法を意識しすぎた日本語訳をつけるのは野暮。でも、せっかくだから人称のお勉強の材料にしましょう。まずは yêu は「愛する」。ベトナム語の語順では「私」「愛する」「あなた」ですから、男性のセリフを見れば、anh は自分で、em が相手（＝あなた）です。一方で、同じ I love you. を言う場合でも、女性の方は自分を em と言い、相手を anh と呼んでいます。愛し合う男女間では、anh と em の 2 語をこのように使うことが見えてきます。

　ときどき「anh em と呼び合っている男女は恋仲だ」と断言する人に出会いますが、私自身の経験から、必ずしもそうだとは言い切れません。私を anh と呼び、自分には em を使うベトナム人女性の知人友人がたくさんいます。親しい女性歌手、恩師のお嬢さん、アオザイの仕立て屋さん、ベンタン市場の花屋のお姉さん、スムージー屋台のおばさまなどは決して恋仲ではありませんからね。彼女たちは親しみを込めて、そして自分自身のかわいらしさアピールも含めて anh と em を使っているのです。私のベトナム語人生に彩りを添えてくれる、素敵な人称詞たちです。

🏮 (4) 自分の同世代の人とつながる

今、日本にはいろいろな世代のベトナム人がやってきます。ミンとひろこのやりとりをみながら、ベトナム人と自然な会話を始めてみませんか。

Tr.013

ひろこ： Bạn là người Việt Nam, phải không?
あなたはベトナム人ですね。

ミン： Phải. Bạn là người Nhật Bản, phải không?
そうです。あなたは日本人ですね。

ひろこ： Phải. Tôi là người Nhật Bản.
そうです。私は日本人です。

はじめは bạn「あなた」で声をかけてみます。びっくりした相手は、あなたが日本人かどうかを確認してくるのではないでしょうか。文の部品を少しずつ説明しておきます。

là は左側の tôi「私」と右側の người Nhật Bản「日本人」をつなぐ働きをする語です。これから先のいろいろな会話で使います。người は「人」です。Nhật Bản は「日本」、Việt Nam が「ベトナム」を意味します。「人」+「日本」で「日本人」ですから、語を並べるルールが違うのですね。さて、上の例文を見ていると、ずっと昔に英語の授業で「付加疑問文」を習ったのを思い出しました。phải は「正しい」や「まさにその通り」の意味です。

しっかりつながる

文〜, phải không?　〜ですね。

あなたの発音が上手で、こんな展開になったらどうしましょうか。

ミン： Bạn cũng là người Việt Nam, phải không? `Tr.014`

あなたもベトナム人ですね。

ひろこ： Không phải. Bạn tên là gì?

違います。あなたの名前は何ですか。

ミン： Tôi tên là Minh. Còn bạn tên là gì?

名前はミンです。で、あなたは、名前は何ですか。

ひろこ： Tôi là Hiroko.

私はひろこです。

まずは **cũng** にご注目。「も」を意味することが分かりますね。さらに、答え方の練習もしておきましょう。お互いの緊張が解けたら、名前を聞いてみましょう。念のために、再確認です。

「名前」は **tên** です。**gì** は疑問詞「何」で、これからいろいろな表現で用います。名前が分かれば、親しい間柄では名前で呼び合えばいいですね。というのも、この **bạn** という語の発音が意外に難しくて、はじめは通じにくいのです。

còn は「一方」を表します。会話では「で、あなたは」の「で」としてよく使います。

ミン： Hiroko san có phải là sinh viên không? `Tr.015`

ひろこさんは大学生ですか。

ひろこ： Không phải. Hiroko không phải là sinh viên.
Minh san có phải là sinh viên không?

違います。私（ひろこ）は大学生ではありません。
（ひろこからミンへ）ミンさんは大学生ですか。

ミン： Không phải. Minh là học sinh trường tiếng Nhật.

違います。（ミンがひろこに対して）私（ミン）は日本語学校の生徒です。

41

sinh viên「大学生」のような名詞が述語のときは、このパターンを使います。

しっかりつながる

> 主語＋ có phải là 名詞述語 không?　…は〜ですか。
> 主語＋ không phải là 名詞述語 .　…は〜ではありません。

さて、ベトナム語では「大学生」sinh viên と、それ以外の「学生」học sinh を使い分けます。小学生から高校生、専門学校生はすべて học sinh です。また、trường は「学校」の意味で、trường tiếng Nhật は「日本語学校」のことです。

もっとつながる

du học sinh, lưu học sinh 留学生

ミンは、自分のことをミンと呼んでいます。親しい間柄なら、女性も男性も、自分の名前で「私」を言うことができます。これは便利ですね。

つぎの2文は職業を尋ねるときの定番です。ベトナム語のコミュニケーションでは、年齢や家族、仕事のことなどについて尋ねることは、特にタブー視されていません。

ミン：　Hiroko san làm gì?　　　　　　　　Tr.016

　　　　ひろこさんは何の仕事をしていますか。

ひろこ：Hiroko là công chức.

　　　　私（ひろこ）は公務員です。

42

làm は「する」で、làm gì? には「何をしているの？」と「（仕事は）何をしているの？」のふたつの意味があります。実際の会話には文脈がありますから、迷うことはないでしょう。「職業は何ですか」をズバリ尋ねるときには、làm nghề gì? と聞くといいでしょう。công chức は「公務員」。ベトナムは社会主義国で、たくさんの公務員が働いています。

もっとつながる

> bác sĩ 医師／ cảnh sát 警察官／ giáo viên 教員／
> nhân viên công ty 会社員

　同世代のベトナム人と親しくなったら名前で呼び合ってみませんか。いろいろな人とのつながりを想像しながら、ベトナム語表現のはばを広げていきましょう。

🏮 (5) 仕事上のお付き合い、社交の関係でつながる

tôi を使うのは人間関係無味無臭の場面で、というセリフを思い出してください。今こそ、tôi を大活用するときです。

Tr.017

Xin chào các bạn.　みなさん、こんにちは。
Rất vui được gặp các bạn.
みなさんにお会いできてとてもうれしいです。

特に親しいわけでもないけれど、多くの人の前であいさつする機会がありますね。この2文でスタートです。発音がそれほど上手でなくても、ベトナム人は大喜びです。rất「とても」、vui「うれしい」はともに大切な語。được にはいろいろな意味や用法がありますが、ここでは「いい目に遭う」で、gặp が「会う」を意味します。

しっかりつながる

> スピーチや自己紹介では tôi が便利

これまでに見てきた表現を組み合わせれば、簡単な自己紹介ができます。

Tr.018

Xin chào các bạn.　みなさん、こんにちは。
Tôi tên là Hiroko.　名前はひろこです。
Tôi là người Nhật.　日本人です。
Rất vui được gặp các bạn.
みなさんにお会いできてとてもうれしいです。

44

こんな素敵な自己紹介をすれば、ベトナム人はあなたを放ってお
きません。大きな拍手のあとに、質問の嵐です。

Tr.019

ベトナム人：Hiroko san có nói tiếng Việt được không?
　　　　　　（相手からあなたへ）ひろこさんはベトナム語が話せ
　　　　　　ますか。

ひろこ：　　Tôi nói tiếng Việt được.
　　　　　　私はベトナム語が話せます。

しっかりつながる

主語＋ có ＋動詞＋目的語＋ được không?
　〜できますか。
主語＋動詞＋目的語＋ được.
　〜できます。

nói「話す」や tiếng Việt「ベトナム語」の位置に入れる語を増や
したいですね。

もっとつながる

tiếng Anh 英語／ tiếng Hàn 韓国語／
tiếng Nhật 日本語／ tiếng Trung 中国語

　ちょっと控えめにこんな答え方もいいかもしれません。

ひろこ：Tôi chưa nói được nhiều.　Tr.020
　　　　私はまだたくさん話せません。

しっかりつながる

> 主語＋ chưa ＋動詞＋目的語　まだ～しない
> 主語＋ chưa ＋動詞＋目的語＋ được まだ～できません

nhiều は「多い」とか「たくさん」を意味します。

Tr.021

ベトナム人：Hiroko san có người yêu chưa?
　　　　　　ひろこさんは恋人がいますか。
ひろこ：　　Bí mật!
　　　　　　秘密！

日本語ではドキッとする表現ですが、ベトナム人にはよく聞かれる質問です。người yêu は「恋人」を意味します。また、文末にchưa を置いて「もう～ですか」と尋ねることができます。もちろん悪気はないので、正しく回答する必要はありませんから、bí mật「秘密」と笑顔で切り替えしておけば上出来です。あなたの周りにはベトナム人の笑い声が響くでしょう。最後に、この例を見てください。

Tr.022

Chúng tôi là người Nhật.
私たちは日本人です。
Chúng tôi học tiếng Việt.
私たちはベトナム語を勉強します。
Chúng tôi rất vui được gặp các bạn.
私たちはみなさんにお会いできてとてもうれしいです。

tôi の前に chúng が付いていますね。chúng tôi で「私たち」を意味します。

　Nhật Bản「日本」、Việt Nam「ベトナム」。それぞれのはじめの部分を使って、người Nhật「日本人」、tiếng Việt「ベトナム語」のような言い方にも慣れておきたいですね。

　ここまで、ベトナム語の「私」と「あなた」について、いくつかの具体的な場面を想定しながら見てきました。上手に使いこなすには、それなりの時間と経験が必要です。だから、はじめのうちは「あなた」は相手の名前をさん付けで、「私」は自分の名前または tôi でもいいのです。

　あなたのそばにベトナム人がいる、せっかくのチャンスですから、まずは話しかけてみませんか。

　「ベトナム人はあまり『ありがとう』と言わない」という文言を見かけることがあります。これは「感謝しない」とは書いてないのが悩みどころです。ベトナム人だって、他人の好意や厚意には感謝するし、「ありがとう」を表現するためのフレーズもたくさんあります。ただ、日本語コミュニケーションと違って、「ありがとう」を連発することがないだけです。そして、「先日はごちそうになり、ありがとうございます」「いつもありがとうございます」のような表現は、ベトナム語コミュニケーションではなかなか耳にしません。

　日本語の会話と同じように「ありがとう」と言わないからといって、ベトナム人は「恩を感じない」みたいに考えてしまうのは、さびしすぎるでしょう。

　さて、ベトナム語で「ありがとう」は🔲 Cảm ơn.／🔲Cảm ơn. と言います。もともと漢語の「感恩」ですから、やはり「恩を感じている」のです。恩を感じる基準が少し違うのかもしれないし、感謝の伝え方にも差があるのかもしれませんね。私は「ねえ、あまり cám ơn って言わないのはどうして？」と、ベトナム人の大親友に思い切って尋ねたことがあります。「だって、一気によそよそしく感じるじゃないの」との答えにびっくりしました。彼女の顔を見ると、cám ơn を連発しないのも、実はベトナム人流の気配りなんだよ、と言いたげな表情です。なぜか合点がいった私は、それ以降 cám ơn は控えめにして、もちろん他人に cám ơn と言われることも深追いしなくなりました。

「ありがとう」より一段と難しいのが「ごめんなさい」です。これまた「ベトナム人は『ごめんなさい』と言わない」との声を耳にするのですが、謝罪のスタイルが違うのかもしれませんね。逆にベトナム人の知人たちは「どうして日本人は『ごめんなさい』を連発するのだろう」と不思議そうです。

さて、ベトナム語の「ごめんなさい」、筆頭株は Xin lỗi. です。小さなミスに "Xin lỗi."、大きな失敗にも "Xin lỗi." です。目上の人に対して、礼儀を正してお詫びしたいときには "私 xin lỗi あなた ." のかたちで、きちんと謝罪するとよいでしょう。また、「故意ではありません」に相当する "Mình không cố ý." と組み合わせて、"Xin lỗi, mình không cố ý."「すみません、わざとではないんです」というのもありますね。これは、間違えて他人の足を踏んづけたときとか、手が滑ってモノを落としたときなどに使えます。記者会見レベルの特大失敗だと "Chúng tôi rất tiếc vì đã để xảy ra tình huống như thế này." が定番です。こちらは、実用的でないことを願うばかりですが。

"Xin lỗi cũng là một nghệ thuật."「謝罪もひとつの芸術だ」とは、日本在住の知人がある日本企業の謝罪会見を見ながら、思わず言ったひとことです。謝罪の表情、お辞儀のしかた、服装の選び方など、「心から反省して、お詫びしている感じがする」そうです。

聞いている私はちょっと微妙な気持ちになりましたね...。

　ベトナム人と親しくなって、仲良くビールを飲む機会があるかもしれません。

Bác có uống bia không ạ?
Bác không uống bia.

　でも、一杯飲む前に読む！「私」と「あなた」のレッスンをご一緒にいかがですか。

　例文に日本語訳が付いていません。というのは、この会話を二人の人間関係が分からず、前後の脈絡がなければ、きちんと理解できないし、訳せないのです。

　この会話には、2種類の場面が考えられます。

場面1：（あなたから伯父伯母世代の相手へ）
　　　　ビールを飲みますか。
　　　　（伯父伯母世代の相手からあなたへ）
　　　　ビールを飲みません。
場面2：（あなたの子供と同世代の相手からあなたへ）
　　　　ビールを飲みますか。
　　　　（あなたから自分の子供と同世代の相手へ）
　　　　ビールを飲みません。

　ここでは一緒にビールを飲む相手とあなたの間の、年齢的な差が重要なポイントです。あなたの方が若いのか、相手の方が若いのかで、文意がまったく違いますね。

場面１のように、あなたが年長者と話すとき、bác はとにかく年長者のことです。あなたが bác と言えば相手を指す（＝あなた）、相手が bác と言えば自分自身を指すのです。つまり、「私」や「あなた」で悩まずに、「bác は年長者」だと考えておけばいいでしょう。

　今度は場面２のように、いまあなたが自分よりもかなり年少の人と会話しているシーンを想像してみてください。あなた自身が bác と言えばそれは「私」の意味です、相手が bác と言えばそれは「あなた」を意味し、あなたのことを指しています。先ほど見たばかりの「bác は年長者」を思い出してくださいね。

　ベトナム語の「私」と「あなた」は、確かに一筋縄ではいかない感じがします。頭で理解することも大切ですが、場数を踏んで体に沁みこませていけばいいのです。慌てずにゆっくり、そして楽しく。

　ここまで整理できたら、さあこの表現の出番です。

Một hai ba dzô.　　イチ、ニ、サン、かんぱーい！
Chúc sức khỏe.　　健康を祈ります。

　どちらも「乾杯」に欠かせないものです。

　そして、とってもありがたいのは、この表現には「私」も「あなた」も出てこないことですね。安心して飲みましょう。

　ベトナム人の知人と食事に行くと、口だけではなく手も目も忙しい今日この頃です。というのは、「最初の一杯」の飲みものが出てくると、乾杯のシーンを写真に撮ります。テーブルに料理が揃い始めると、今度は料理の写真。斜め上から撮ったり、箸で麺を手繰るシーンを作ったりと、誰もが演出家で誰もがカメラマンです。そして、気の合う仲間同士でchụp selfie「自撮り」大会が始まります。

　老若男女問わずキメ顔を持っている人が多いので、お気に入りのポーズや自慢のキメ顔で画面に収まります。画面チェックしながら、"Ăn ảnh quá !"「バエるなあ」などと話すのが、コミュニケーションの新たなスタンダードです。

　撮ってもらった写真を見たときに自分の映りがよくて、まさに「バエ」ているときなどは、"Chụp hình có hồn." とか "Hình có hồn." とつぶやいてみましょう。hồn は「魂」で、「魂が入っている写真」という意味です。ベトナム人の写真家に聞いてみたら「一番上手なカメラマンは恋人。あなたをきれいに撮れるように魂を込めるでしょ。あなたも一番の笑顔を見せるでしょ。そういう写真が hình có hồn」だそうです。なるほど。

　撮ったら終わり、ではないのが SNS 時代。chỉnh sửa「画像編集する」を十分に施してからアップします。自分の写真なら "Ăn ảnh quá!" と再び自画自賛。他人がアップした写真にも何かコメントを付けたくなります。ghen ăn tức ở「羨ましくてイライラムカムカする」の頭文字を合わせたGato quá!「超うらやまし〜！」も知っておくと便利ですね。

第2部

1. しっかりつながろう

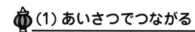 **(1) あいさつでつながる**

> 近所のコンビニで働いている店員さん、胸には「ベト」という名札がありました。ベトナムの「ベト」だし、だから、思い切って声を掛けてみます。

① Tr.025

Hiroko: Việt san là người Việt Nam, phải không?
ベトさんはベトナム人ですね。

Việt: Dạ, phải.
はい、そうです。

Hiroko: Việt san là người miền Bắc, phải không?
ベトさんは北部人ですね。

Việt: Phải, tôi là người miền Bắc.
Ủa! Bạn cũng là người Việt Nam, phải không?
そうです。私は北部人です。
えっ！ あなたもベトナム人ですね。

Hiroko: Dạ, không phải. Tôi là người Nhật.
違います。私は日本人です。

54

Hiroko: **Xin chào. Việt san có khỏe không?**
こんにちは。ベトさん、元気ですか。

Việt: **Dạ, khỏe. Còn bạn?**
はい、元気です。で、あなたは？

Hiroko: **Cảm ơn. Tôi cũng khỏe.**
ありがとう。私も元気です。

···

Việt: **Hiroko san làm nghề gì?**
ひろこさんは何の仕事をしていますか。

Hiroko: **Tôi là sinh viên. Còn Việt san?**
私は大学生です。で、ベトさんは？

Việt: **Việt là lưu học sinh, làm baito ở đây.**
私は留学生、ここでバイトしています。

Hiroko: **Tôi làm baito ở trường tiếng Nhật.**
私は日本語学校でバイトしています。

①の会話、ベトの驚いた表情が目に浮かぶようです。Dạ が「ザ」と聞こえたひろこは、ベトが北部出身と気づきました。だから、ひろこをベトナム人だと勘違いしたのかもしれませんね。Dạ は、北部方言では「ザ」と、南部方言では「ヤ」と発音します。miền は「地方」です。大文字で始まる Bắc「北」が後ろから修飾し、miền Bắc は「北部」です。

もっとつながる

> miền Nam 南部／ miền Trung 中部／ miền Tây 西部（メコンデルタ）

Dạ は 2 回出てきます。はじめは「はい」の返事で、後は「いいえ」の回答で使われています。英語の Yes, No とは違う、まさに日本語の「はい」と同じ感覚で使えます。cũng にもご注目です。日本語の「も」で、いろいろ使える便利な語です。

もっとつながる

> nghe 聞く／ nói 話す／ đọc 読む／ viết 書く

②の khỏe は「元気だ」「元気な」の意味です。「元気ですか」のかたちも覚えましょう。

しっかりつながる

> | あなた | có khỏe không? |
> | 私 | khỏe. |
> | 私 | không khỏe. |

còん は、これから述べることが、その直前に述べたことと異なって対照的であることを示す語。「で」や「一方」という働きをします。cảm ơn は超重要表現の「ありがとう」です。綴りはよく似ていますが、南部では cám ơn が用いられます。また、あいさつで出てきた Xin chào. の xin を文頭につけると丁寧な表現になります。

もっとつながる

> 🔵 cảm ơn, 🔴 cám ơn　ありがとう
> Xin cảm/cám ơn　～ありがとうございます

③ làm は「する」ですね。次の nghề は「職業」の意味で、**あなた＋ làm nghề gì?** は職業を尋ねるときの定番フレーズです。職業を答えるときには là を使った **A là B.**「AはBです」のかたちです。

もっとつながる

> bác sĩ 医師／ công nhân 工員／ giáo viên 教員／
> nhân viên スタッフ／ nhân viên công ty 会社員

làm baito「バイトする」は日本生まれのベトナム語です。ベトナムでは làm thêm「副業する、バイトする」です。日越交流が進むにつれて、こういう新しい表現も生まれています。

ở は場所の「で」「にて」で、đây は「ここ」です。ベトナム語のこそあどは後でじっくり見ますので、ここでは ở đây「ここで」と、ở đâu「どこで」のふたつに親しんでください。

もっとつながる

> Ở đâu? どこで？／ ở đó そこで／ ở Nhật Bản 日本で

57

 **(2) 学校でつながる**

ベトナム語を話すひろこにベトは興味津々です。

① Tr.028

Việt: Hiroko san ơi! Hiroko san học tiếng Việt ở đâu?

ひろこさーん。どこでベトナム語を勉強していますか。

Hiroko: Hiroko học tiếng Việt ở trung tâm ngoại ngữ ABC.

ABC 外国語センターでベトナム語を勉強しています。

Việt: Đây là bạn của mình.

こちらは私の友達です。

Hoa: Chào Hiroko san. Tôi là Hoa.

ひろこさん、こんにちは。私はホアです。

Hiroko: Chào Hoa san.

ホアさん、こんにちは。

Hoa: **Bố mẹ của Hiroko san là người Nhật, phải không?**

ひろこさんのご両親は日本人ですよね。

Hiroko: **Phải. Bố mẹ tôi là người Nhật.**
Đây là bố mẹ tôi.

そうです。私の両親は日本人です。
こちらは私の両親です。

....

Long: **Chào cô Hiroko.**

ひろこ先生、こんにちは。

Hiroko: **Xin chào. Long san có khỏe không?**

こんにちは。ロンさん、元気ですか。

Long: **Dạ, em khỏe. Em cảm ơn cô.**

はい、元気です。ありがとうございます。

Hiroko: **Long san ơi! Long san nói tiếng Nhật nhé!**

ロンさん！日本語を話しましょうね。

①ではベトがひろこを呼んでいます。知人や友人に声を掛けるときや、店でスタッフを呼ぶときには ơi を使ってみましょう。học は「勉強する」、học tiếng Việt なら「ベトナム語を勉強する」です。日本語とは、動詞と目的語の並びかたが異なることに気づきますね。trung tâm は「中心」という語で、学校や施設などの「センター」も意味します。ngoại ngữ は「外国語」です。

　ベトは自分の友達をひろこに紹介してくれました。của は所有や所属の「の」を示す語です。日本語では「私の友達」ですが、ベトナム語では bạn「友達」が先、của を挟んだ後に mình「私、自分」です。

しっかりつながる

> **モノ của A さん**　　A さんのモノ　　所有や所属を表す

　②で父母を意味する語を見ましょう。父は🔵bố ／🔴ba で、母は🔵mẹ ／🔴má です。「私の両親」には của がついていません。所有や所属の「の」の của がありません。実は、会話や文脈で意味がはっきり伝わるならば、của は省略可能なのです。ベトナム人なら語の並びで理解してくれますから、安心してくださいね。

　最近の若者が話す様子を見ていると南部の人でも母を mẹ という人が増えてきた感じがあります。だから、「父母」には bố mẹ, ba má のほかに ba mẹ の組み合わせも見られるようになりました。

　こんな風に、何気ない会話であなたとの距離を縮めてくるのがベトナム流です。

　③も見てみると、そうそう、ひろこはベトナム人に日本語を教える活動もしているのでした。留学生のロンはひろこを cô Hiroko と、

自分のことは em と言います。女性の先生は cô と呼びます。女性の先生は自分を cô と呼んで、学生を em と呼びます。

しっかりつながる

> cô 女性の先生／ thầy 男性の先生
> 名前は、cô や thầy などの尊称の後に置く。

この会話をよく見てくださいね。ロンが em と言えば、それはロン自身。つまり「私」。cô は「あなた」を意味します。逆に、ひろこが em と呼ぶときは em はロン、つまり「あなた」を指しています。そして、ひろこが cô といえば、それはひろこ自身のことで、「私」です。同じ語を、会話するふたりで使いあっているわけです。

会話はことばのキャッチボールだ、と習ったことがありますが、こうやってベトナム語の表現を見ていると、まさにその通り！と膝を打ちたくなります。

なお、文末の 北nhé は日本語の「〜ね」によく似た語で、親しい間柄での会話で用いられます。南nha にもなじんでおきましょう。

日本語を勉強しているんだから、ロンには日本語であいさつしてほしかったひろこ...。

🏮 (3) その場にいない人とつながる

ベトナム人の友達が多いひろこ。ここでは「私」や「あなた」以外の
人称に親しんでいきましょう。

① Tr.031

Hoa: **Hiroko san có biết Mai không?**

ひろこさんはマイを知っていますか。

Hiroko: **Có. Chị ấy là bạn tôi.**

はい。彼女は私の友達です。

Việt: **Hiroko san có biết Linh không?**

ひろこさんはリンを知っていますか。

Hiroko: **Có. Anh ấy cũng là bạn tôi.**

はい。彼も私の友達です。

② Tr.032

Việt: **Ông ấy là bố của Linh.**

彼はリンのお父さんです。

Hiroko: **Bà ấy là mẹ của Linh san, phải không?**

彼女はリンさんのお母さんですね。

Việt: **Phải.**

その通り。

Nam: **Ông đó là ai?**

彼は誰ですか。

Hiroko: **Ông đó là người hàng xóm.**

ご近所さんです。

Nam: **Bả là bác sĩ, phải không?**

彼女は医者でしょ。

Hiroko: **Không. Bả là bệnh nhân.**

いいえ。彼女は患者です。

....

Hiroko: **Họ là người Việt Nam, phải không?**

彼らはベトナム人ですね。

Nam: **Không. Có lẽ họ là người Thái Lan.**
                Họ không nói tiếng Việt.

いいえ、たぶん彼らはタイ人です。

彼らはベトナム語を話しません。

①では biết「知る、分かる、理解する」をマスターしましょう。「マイさんを知っているか」と尋ねられて、「彼女は友達」と答えている様子から、chị ấy の部分が「彼女」だと見えていきますね。同様に、anh ấy が「彼」かなと推測できます。この chị（姉）と anh（兄）は、実は今までに出てきた語です。これに ấy を付け加えて、「あの女性」「あの男性」と言います。この ấy は話し手の身近にないものや現存しないものを示す働きがあり、日本語の「あの」「その」に似ていますね。質問に対する "Có." 「はい」は便利な返事です。

　では、彼＝ anh ấy、彼女＝ chị ấy と覚えれば完璧なのか？ そうでないこと、みなさんはもうお分かりですよね。ここでも、指し示したい人と自分との間柄で anh や chị に当たる語を使い分けていくのです。

　②の場面では遠くの方に、お年を召した男女が立っているようですね。会話文を見てみると ông ấy と bà ấy が見つかりました。ông は「祖父」、bà は「祖母」の意味ですが、公文書や公的なスピーチでは ông は英語の Mr. に、bà は Mrs. とか Ms. として使います。

しっかりつながる

> 自分より年上の第三者を指すとき、あるいは人間関係無味無臭の場面で「彼」「彼女」と言うときには ông ấy や bà ấy を使う。

　男性の先生を「あの先生」と言うなら thầy ấy で、女性の先生は cô ấy だな、とあたりがつくようになったら、ベトナム語の楽しい世界がだいぶ見えてきた証拠です。

③で、もう少し話を広げてみましょう。**hàng xóm** は「ご近所さん」を意味する語です。南では **ấy** のかわりに **đó** を用いる **ông đó** や **bà đó** など、親しみを込めた使い方もあります。さらに、南の口語には **ông ấy** を **ổng**、**bà ấy** を **bả** のように尋ねる声調の一音節で言うことも多いです。うまく使えるようになると南部出身のベトナム人から喝采を浴びるでしょう。

hàng xóm で思い出すのが、ベトナムでも人気があるアニメのタイトル、"**Hàng xóm của tôi là Totoro**"。もうお分かりですよね。

　最後に、④で複数の人々を指す場面も見ておきます。

họ は「彼ら」「あの人たち」など、複数の 3 人称を示す語です。そして **có lẽ** は「たぶん」「きっと」を意味します。"**Có lẽ.**"「たぶんね」のように単独でも使えます。会話のあいづちに便利ですね。私たちには聞くだけでベトナム語とタイ語の区別はできませんが、ナムには「ベトナム語ではない」のが分かるので、彼らは **người Thái Lan**「タイ人」だと考えたのでしょう。

　ここまで、**ấy** や **đó** を用いた 3 人称を見てきました。これで、まだ名前を知らない人や、その場にいない人についても話題にすることができるようになりました。

🏮 (4) とっても親しくなる

私たちがベトナム語を少しでも話すと、ちょっとびっくりしたような表情で、それからうれしそうな笑顔を見せてくれるベトナム人。話せば距離はどんどん縮まります。

① Tr.035

Việt: **Hiroko san ơi! Em ăn phở nhé.**
ひろこさん、フォーを食べなよ。

Hiroko: **Em cảm ơn anh!**
Hoa san ơi! Em có đói không?
ありがとう。ホアさん、おなか減っている？

Hoa: **Em đói lắm, chị ơi.**
私、おなかペコペコです、ひろこさーん。

Hiroko: **Mình ăn phở gà.**
私、鶏肉入りのフォーを食べる。

Hoa: **Mình cũng ăn phở gà luôn.**
私も鶏肉入りのフォーを食べる。

66

Hiroko: Việt san ơi! Anh có ăn soba không?

ベトさん、そばを食べますか。

Việt: Cảm ơn em. Anh thích soba lắm.

ありがとう、ひろこさん。私はそばが大好きです。

Hiroko: Em sẽ gọi soba lạnh.
À, anh thích uống sake không?

私は冷たいそばを注文します。

あ、ベトさんはお酒を飲みますか。

Việt: Hay quá. Uống sake, ăn soba..., rất chuẩn!

いいなあ。お酒を飲んで、そばを食べる…完璧だ！

Hiroko: Em uống shochu pha với sobayu.

私は焼酎をそば湯で割って飲みます。

①ではベトはひろこを em と呼んでいます。ひろこは、自分のことは em と呼び、ベトには anh を使って話しています。すっかり親しくなったふたりは、tôi とか bạn とか、人間関係無味無臭系の語を使わなくなりました。ひろこはホアを em と呼んでいます。ホアも自分自身のことは em で、ひろこに対しての「あなた」には chị を使っています。

こういう「変化」って、ベトナム語らしさのひとつですね。どのように呼び合うのかが親疎に応じて変化する。言葉選びに、その人との距離感が出ているのです。では、使い分けの目安を考えておきましょう。

相手が年上の場合には、anh や chị で呼び、あなた自身が「私」と言うときには em を用います。自分のほうが年上で、相手のベトナム人が明らかに年下ならば、相手を em と呼びます。自分のことは、あなたが女性なら chị、男性ならば anh です。

なお、実際の年齢とは関係なく、em と呼ばれたい女性がいるし、また em と呼ぶことが好まれるシーンも多いのは、日本語の「あに」や「いもうと」と一脈相通ずるのかもしれませんね。

また、かしこまった「わたくし」の tôi に対して、「僕」や「あたし」のように使える mình もうまく活用したいですね。ăn「食べる」、phở「フォー（ベトナムの麺料理）」や gà「鶏、鶏肉」も知っておきたいですね。

もっとつながる

đói 空腹だ／ no 満腹だ

lắm は性質や状態を示す語の後について「とっても」を意味します。

しっかりつながる

性質や状態＋ lắm　　とっても〜だ

さて、次に出てくる luôn は自然な会話に不可欠な部品で、「同様に」とか「一緒に」とか「滞りなく」という気持ちを添える語です。

　②を見てみましょう。フォー屋の次はおそば屋。そば好きのベトナム人、少しずつ増えてきました。「注文する」は gọi を使います。また、lạnh「冷たい」、nóng「熱い、暑い」で好みを言うのですね。thích は自分の好みを表す語で「好きだ」、そして動詞と結びついて「〜するのが好き、〜したい」を表現できます。uống は「飲む」、超重要語でしょう。なお、文頭の À は何かを思い出したときや納得したときに出てくる「ああ」の意味です。

　hay は「よい、上手な、面白い」の意味で quá は程度が著しいさまを感嘆する表現で使います。

しっかりつながる

> 性質や状態＋ quá　　とっても〜だ！

　chuẩn はもともと「標準的だ」の意味ですが、最近は rất chuẩn で「どストライクだ、完璧だ」のような使い方も多く見られます。

　pha は「注ぐ」です。pha trà「お茶を淹れる」、pha cà phê「コーヒーを淹れる」や pha với 〜「〜を調合する」も便利です。

　そうそう、夫婦間でも anh と em を使いますが、相手を mình と呼ぶ人も多かったのです。この mình は先ほど「僕、あたし」で出てきた mình と同じ綴りなので、混乱してしまいますね。少しレトロなベトナム歌謡に "Thương lắm mình ơi!" という名曲があります。thương は yêu よりもっと精神的に深く、相手を慈しんだり、愛おしく思ったりする意味で、曲名はさしづめ『愛しいあなたよ』でしょうか。たくさんの歌手が自分の歌唱を YouTube などで公開していますから、ぜひお聞きください。

🏮 (5) 自己紹介を用意しておこう

> ベトナム語を話すあなたを、ベトナム人は放っておきません。知人友人をどんどん紹介してくれますから、ベトナム語を話すチャンスは急激に増えていきます。いつまでも **Xin chào!** だけでは、あまり気分がアガリませんね。そこで、自己紹介の雛型を用意しておくことをお勧めしています。

まずは自分について、大まかに話してみましょう。

雛型① 自分の属性を話す　　　　　　　　　　　　　　Tr.037

パターン A

Xin chào các bạn!　　　　　　みなさん、こんにちは。
Tôi là Akio, người Nhật Bản.　私はあきお、日本人です。
Tôi làm việc ở công ty XYZ.　私は XYZ 社で働いています。

làm việc は「仕事する」、công ty は「会社」の意味です。

パターン B

Chào các bạn!
みなさん、こんにちは。
Tôi tên là Akiko. Tôi là người Nhật.
私の名前はあきこです。日本人です。
Tôi là sinh viên. Tôi đang học tiếng Việt.
私は大学生です。ベトナム語を勉強しています。

đang は動作や状態が持続していることを表します。ここでは「ベトナム語を勉強中です」の意味になります。

次に、せっかくベトナム語とのご縁があるのですから、それにも触れておきます。

雛型② ベトナム語について話す Tr.038

パターンA

Tôi rất thích học tiếng Việt.

ベトナム語を勉強するのが大好きです。

パターンB

Tôi thấy học tiếng Việt rất khó.

ベトナム語を勉強するのは、とても難しいと感じます。

　ここでは、thấy「感じる」、khó「難しい」の2語を補充です。さらにもうひとこと、ベトナムについて。

雛型③ ベトナムについて話す Tr.039

パターンA

Tôi thích ăn phở. 　　　フォーが好きです。

パターンB

Tôi muốn đi Việt Nam. 　ベトナムに行きたいです。

　phở「フォー」はベトナムを代表する麺料理のひとつ、ăn は「食べる」です。ăn phở で「フォーを食べるのが好き」の意味になります。muốn は「したい、ほしい」と願望や欲求を述べる語です。đi は「行く」。đi Việt Nam「ベトナムに行く」は大切な表現ですね。

パターンC

Tôi muốn mặc áo dài. 　　アオザイを着たいです。

　mặc「着る」が分かれば、ベトナム人の友達が Mình muốn mặc áo Kimono.「私は着物を着たいです」と言ったときにアドバイスできますね。

　実は、日本ではあまり一般的ではなく、逆にベトナムでは特に避ける必要がない話題 ... それが年齢。ベトナムでは、年齢を尋ねるのは決してタブーではないし、何歳でも堂々と答えればいいのです。

パターンA

Tôi 50 tuổi.　　　　私は50歳です。

　tuổi が「歳」を意味します。では50を何と読むのか。それには、ベトナム語の数詞を紐解かなくてはなりません。あとで自己紹介に必要十分な100までの数字を紹介してあります。ご自身の歳を言うのに100以上が必要な方、何はともあれご長寿おめでとうございます。大きな数字は少しお待ちください。

*Iyo là 16 tuổi.　　伊代は16歳です。　　＊は正しくない例文

　これは、よく目にする間違い。日本語の「です」に引っ張られて、là を入れてしまいました。正しくは là を用いずに、Iyo 16 tuổi. のように数詞と tuổi を直接つなぎます。

パターンB

Tôi tuổi Tý.　　　　私は子年です。

　ベトナムにも十二支があります。tuổi の後ろにご自身の干支を入れるだけです。ベトナム人の頭の中で、あなたの生年が瞬時に計算されます。そして、ベトナム人は干支占いが大好きなので、あなたの運勢やその場にいる人たちとの相性などの話題で盛り上がります。

ベトナム語が上達すれば、そういう会話にも参加できるようになります。

12 con giáp（十二支） `Tr.041`

Tý（子）　**Sửu**（水牛）　**Dần**（寅）　**Mão**（猫）　**Thìn**（龍）

Tị（蛇）　**Ngọ**（午）　**Mùi**（山羊）　**Thân**（申）　**Dậu**（酉）

Tuất（戌）　**Hợi**（豚）

雛型⑤ `Tr.042`

Rất vui được gặp các bạn.

みなさんに会えてとてもうれしいです。

　この１文で、自己紹介やあいさつがきれいに仕上がります。

　いろいろな組み合わせを考えて、楽しくつながっていきましょう。

　お待ちかね！ベトナム語の数詞です。まずは100まで紹介します。

1 một　　2 hai　　3 ba　　4 bốn　　5 năm
6 sáu　　7 bảy　　8 tám　　9 chín　　10 mười
ゼロ không

　1から10までとゼロは、電話番号の交換や、ものを数えるときにも必要ですから、読みかたも綴りかたもきちんとマスターしておきます。この先を少し見てみると...

11 mười một　　　12 mười hai　　　13 mười ba
14 mười bốn

　なんとなくルールを見出すことができます。では15は？ここが要注意で mười lăm になるのです。よく見ると5の部分が năm ではなく lăm に代わっています。15や25などの下一桁の5は lăm です。気を取り直しましょう。

16 mười sáu　　　17 mười bảy　　　18 mười tám
19 mười chín

　さて、20ですが、ここもしっかり見てくださいね。
　hai mươi です。20の「じゅう」は下がる声調の mười ではなく、平らな声調で mươi になります。20以降、30や40、そして90まで、何十何の「じゅう」は mươi です。
　次は21を見てくださいね。
21 hai mươi mốt

21 や 31、91 まで、下一桁の 1 は **mốt** になります。重い声調ではなく、鋭い声調です。

22 hai mươi hai　23 hai mươi ba　24 hai mươi bốn

次のチェックポイントは 25 です。**hai mươi lăm** です。ここにはふたつのルールが見えますね。「何十何の「じゅう」は **mươi**」、そして「下一桁の 5 は **lăm**」です。

95 chín mươi lăm

ちゃんと **lăm** になっていますか。

96 chín mươi sáu　　　97 chín mươi bảy
98 chín mươi tám　　　99 chín mươi chín

100 は **một trăm** です。**trăm** が「百」です。日本語とは異なり、100 なら「一」「百」。**Tôi một trăm tuổi.** は「私は百歳です」です。この先は...

1000　㊗**một nghìn** ／ ㊖**một ngàn** をしっかり覚えます。ここも「一」「千」となります。そして、1 万は「十」「千」と考えて、㊗**mười nghìn** ／ ㊖**mười ngàn** になります。10 万は「百」「千」で、㊗ **một trăm nghìn** ／ ㊖**một trăm ngàn** で す。1,000,000 は **một triệu** で す。**triệu** が「百万」を意味します。1 千万は「十」「百万」で **mười triệu**、1 億では「一」「百」「百万」となって **một trăm triệu** となります。

なんだか **vé số**「宝くじ」なんて語が思い浮かびますね。

75

2. 楽しくつながろう

🏮 (1) ありがとう、ごめんなさい

ちょっとしたプレゼントの交換も大切なコミュニケーションですね。

① Tr.044

Kyoko: **Mình có quà cho Hoa san.**
ホアさんにプレゼントがあります。

Hoa: **Cảm ơn Kyoko san.**
京子さん、ありがとう。

Kyoko: **Không có chi.**
どういたしまして。

Nam: **Mình có quà Việt Nam cho Kyoko san.**
京子さんにベトナムのおみやげがあります。

Kyoko: **Cảm ơn Nam san.**
ナムさん、ありがとう

Nam: **Không có gì.**
どういたしまして。

76

②

Nam: **Xin lỗi. Mình đến trễ.**
Kyoko san đến lâu chưa?
ごめんなさい。遅れました。京子さん、待った？

Kyoko: **Không sao đâu. Mình mới đến.**
だいじょうぶ。私、来たばかり。

....

③

Nam: **Chết rồi!**
しまった！

Kyoko: **Có sao không, Nam san?**
ナムさん、だいじょうぶ？

Nam: **Mình hết tiền rồi.**
お金がなくなっちゃった！

Kyoko: **Trời ơi. Không sao đâu, mình sẽ bao.**
おお、神よ！ だいじょうぶ、私がおごります。

①の quà は「プレゼント、おみやげ」の意味です。cho は意味用法をたくさん持つ語ですが、ここでは「ホアに対して、ホアに向けて」、を示しています。ホアは🅱Cảm ơn.「ありがとう」と感謝して、京子は🅱Không có chi.「どういたしまして」と返しています。どちらも普段使いに便利な言葉ですね。

　次に、ナムの quà Việt Nam です。「ベトナムのおみやげ」は日本語と語順が逆で、quà「おみやげ」Việt Nam「ベトナム」となります。南部出身のナムは🅢 Không có gì.「どういたしまして」と南部の言い方を使っています。ちょっとした違いに見えますが、ベトナム語の南北差を実感できます。「プレゼントがあります」の言い方も見ておきましょう。

しっかりつながる

私＋ có quà cho ＋あなた .
あなたにプレゼントがあります。

もっとつながる

quà sinh nhật	誕生日プレゼント
quà noel	クリスマスプレゼント
quà Tết	テト（ベトナムの旧暦正月）のお祝い

　②ではナムが đến trễ「遅刻（する）」を京子に謝っているようです。đến は「来る、到達する」で、đi「行く」とともに重要な語です。謝罪表現の Xin lỗi. を見てみましょう。ひとくちに謝罪といっても、過失の大小がありますので、この xin lỗi の守備範囲は、日本語の「ごめんなさい」「すみません」程度ですね。"Đến lâu chưa?" は相手を待たせたときの定番で、「待った？」の意味です。

しっかりつながる

> mới ＋動詞　〜したばかり

そして、「うん、だいじょうぶ」「どうでもないよ」は "Không
sao."、やや強調した "Không sao đâu!"「だいじょうぶだってば」
も便利な表現です。

もっとつながる

> giờ cao su ゴム時間
> 時間にルーズなのを、伸縮自在のゴムにたとえて皮肉る表現。
> 多くのベトナム人が自虐的に用いている。

③さて、「しまった！」「ワチャー」のような気持ちは "Chết rồi!"
が最適です。直訳すれば「死んでしまった」。だいじょうぶ、ではな
い感がたっぷりです。ナムは、hết「終わる、尽きる、なくなる」tiền「お
金」と嘆いています。rồi は動作や状態が完結したことを示します。

この 南 Trời ơi! や 北 Ôi giời ơi! は、英語の「オーマイガー！」
と同じで、ベトナム人と過ごせば、一日に何度も耳にする言葉です。

もっとつながる   Tr.047

> Ét o ét!　　　助けて〜！
> Ôi giời!　　　おお神よ！
> 南 Trời đất ơi!　天よ、地よ！
> 南 Ulala　　　あらら…。

京子は、お金がなくなって困っているナムに bao「おごる」と言っ
ています。ベトナム人には割り勘というシステムがあまりないので、
おごったりおごられたり、という関係が続きます。sẽ は動作や状態
がこれから始まることを示す語です。

🏮 (2) 私は日本人です。東京に住んでいます。

日本のあちこちでベトナム語を耳にする時代になりました。伊勢神宮でベトナム語を聞いた京子は思い切って話しかけてみます。

①

Kyoko: **Các bạn có phải là người Việt Nam không?**
みなさんはベトナム人ですか。

Yến: **Dạ, phải. Chị là người Nhật, phải không?**
はい、そうです。あなたは日本人ですね。

Kyoko: **Dạ, phải. Tôi là người Nhật.**
はい、そうです。私は日本人です。

Yến: **Chị mặc áo Kimono đẹp quá!**
着物がとってもきれいですね。

Kyoko: **Cảm ơn bạn. Chị có thích áo Kimono không?**
ありがとう。あなたは着物が好きですか。

Yến: **Có. Tôi thích áo Kimono lắm.**
はい。着物が大好きです。

② Tr.049

Kyoko: Bạn mặc áo dài đẹp quá!

アオザイがとってもきれいですね。

Mai: Cám ơn chị. Ủa, chị là người Việt Nam à?

ありがとう。えっ、あなたはベトナム人なのですか。

Kyoko: Không.Tôi là người Nhật.
Bạn có thích Ise không?

いいえ。私は日本人です。あなたは伊勢が好きですか。

Mai: Dạ, có. Tôi thích đi viếng đền ở Nhật.

はい。私は日本の神社をお参りするのが好きです。

....

③ Tr.050

Kyoko: Bạn sống ở đâu?

あなたはどこに住んでいますか。

Mai: Tôi sống ở Hà Nội. Còn chị?

ハノイに住んでいます。あなたは？

Kyoko: Tôi sống ở tỉnh Mie.

三重県に住んでいます。

①ではまず「私」「あなた」をどう言っているのかを見てください。面識がないのですから、人間関係無味無臭の語を使っていますね。でも、ベトナム語を話す着物姿の日本人の登場にイエンたちは興味津々です。

áo はベトナムの民族衣装 áo dài「アオザイ」のアオで、意味は「上半身に付ける服」です。着物は上半身だけで着るわけではないのですが、ベトナム人は áo Kimono と呼ぶことが多いです。私たちは日ごろ意識しませんが、実はウェブ上には Cho thuê áo Kimono「着物貸します」のサイトがたくさんあります。着付けサービスを受けて、名所を散策しながら、ポーズをキメて写真を撮るベトナム人観光客の姿をどこかで見たことがありますよね。đẹp「美しい」もぜひ使いこなしたい語です。

②で京子の目に留まったのはアオザイ。ベトナムからの訪日客でしょうか。さっそく声をかけてみます。マイは Cám ơn. と答えて、次の瞬間、我に返って Ủa「えっ」と言います。ủa は驚きや意外な気持ちを表します。文末の à が「はっきりさせたいことを尋ねる」ための語です。ベトナム語を話すからベトナム人なのか、着物を着ているから日本人なのか。どちらなのかを確認したいのでしょう。

京子の返事は文法練習のサンプルみたい。người Nhật「日本人」のように名詞が述語になる文は主部と述部を là で結びますね。

もっとつながる

chùa 寺／đền 神社／nhà thờ 教会
なお、Chùa Kiyomizudera「清水寺」のように日本語の一般的な呼び名の前に đền や chùa を付けるケースも多い。

ベトナム語で仏教行事を行う寺院、ベトナム語ミサを実施する教会が日本各地にあり、熱心な信者のみならず、異国生活での喜怒哀楽を共有し合うベトナム人の拠りどころになっています。ベトナム人専用の施設ということではないので、私たち日本人が出かけていっても、あたたかく迎えてもらえます。

「寺社に行く」の「行く」は đi viếng を用います。「参拝する」「お参りする」です。

しっかりつながる

> あなた＋ có thích ＋〜＋ không?
> あなたは〜が好きですか。

③の sống は「生きる、住む、暮らす」です。ở は場所を示す語の前に置いて、「〜で」や「〜にて」を表します。ở đâu? は場所を尋ねる表現「どこに」「どこで」でしたね。

もっとつながる

tỉnh　ベトナムの地方行政単位「省」（在日ベトナム人は
　　　日本の都道府県を指すときにも使用する）
thành phố　都市、市

ちなみにベトナム語では、thành phố Tsu, tỉnh Mie（三重県津市）と順序が逆になるので気をつけましょう。そうそう、この「つ」の音はベトナム人泣かせで、多くの人が上手に発音できません。私の知人、ツツイナツミさんは「チュチュイナチュミ」のように呼ばれていました。

(3) 私はベトナム語を話せます。

カタコトでもベトナム語を話すと、一気に距離が縮まるのがベトナム人。**Xin chào!** とあいさつした京子に、ベトナム人から質問の嵐です。

①

Mai: **Bạn tên là gì?**
名前は何ですか。

Kyoko: **Mình tên là Kyoko.**
京子です。

Mai: **Kyoko san có nói tiếng Việt được không?**
京子さん、ベトナム語を話せますか。

Kyoko: **Được. Mình nói tiếng Việt được một chút.**
Bạn có thể viết chữ hiragana được không?
はい。ベトナム語を少し話せます。
あなたはひらがなを書けますか。

Mai: **Mình viết chữ hiragana được nhưng không viết chữ kanji được.**
ひらがなは書けますが、漢字は書けません。

Việt: **Kyoko san có biết làm sushi không?**

京子さん、寿司を作れますか。

Kyoko: **Biết chứ.**

もちろんできます。

Mai: **Kyoko san có biết ăn nước mắm không?**

京子さん、ヌオックマムを食べられますか。

Kyoko: **Biết chứ, mình thích ăn nước mắm lắm.**
              Bạn có biết ăn sashimi không?

もちろん。私、ヌオックマムが大好きです。
あなたは刺身を食べられますか。

Mai: **Biết chứ. Nhưng mình không ăn wasabi được.**

もちろん。でも、わさびは食べられません。

Kyoko: **Còn tôi không ăn ớt được.**

私の方は唐辛子が食べられません。

①では、もう一度「できますか」「できます」の言い方を見ていきます。まずは、nói「話す」の意味をつかみましょう。

しっかりつながる

> 主語＋動詞〜＋ được.　〜をすることができる。

một chút は「少し」「ちょっと」の意味です。声に出してみると、日本語の「ちょっと」にもちょっとだけ似ていますね。
「できません」の答え方も出てきました。

しっかりつながる

> 主語＋ không ＋動詞〜＋ được.　〜をできない。

chữ は「文字」です。nhưng は逆接の接続詞で「でも」「しかし」を表します。

しっかりつながる

> 主語＋ có ＋動詞〜＋ được không?　〜できますか？
> 主語＋ có thể ＋動詞〜＋ được không?

ここで、ふたつのベトナム語を見比べてください。

(1) Tôi nói tiếng Việt được.　(2) Tôi nói được tiếng Việt.

どちらも「ベトナム語を話せる」ですが、(1) は「ベトナム語を話せますか」という問いに対する答えとして「話せる」、(2) は自分がベトナム語を話す能力を持っていることを述べるときに使います。

初歩の外国人学習者がここまでの使い分けは求められませんが、語順の違いがニュアンスの差を生むケースとして紹介しておきました。

②の biết「知る」を使っても「できる」「できない」を言えます。こちらは、学習や訓練の結果として「できる」ようになったこと、本能的にできることを表現します。biết nói tiếng Việt「ベトナム語を話せる」、biết viết chữ kanji「漢字を書ける」でもいいのですが、少し毛色の変わった例文も見ておきましょう。

料理練習の結果として寿司を作ることが「できる」です。答えの "Biết chứ." は「もちろん」と訳しておきましたが、ここでは chứ の使い方を知ってほしいですね。

しっかりつながる

> 文末の chứ は強調の働き。「当然だよ」

ヌオックマム nước mắm は、いまや日本でもすっかりおなじみになったベトナムの調味料。カタクチイワシから作られた魚醤で、ベトナム料理の味付けや、タレには欠かせないものです。香りが強くてクセがあるので、ベトナム人はこんな感じに、やや控えめに聞いてきます。

lắm は程度が著しいことを示す語で、「とても」の意味です。答えを聞いて、マイは自宅に京子を招いて、ベトナム料理をごちそうするかも。刺身の方はハードルが高いのでしょうか。刺身大好き、わさびに夢中！というベトナム人がいる一方で、生ものはちょっと苦手、という人もいます。

ớt は「唐辛子」です。ベトナム料理はお皿の中で自分好みの味にしていくことが多いので、最初から ớt がたっぷり入っていて激辛！の料理はあまりないです。

🏮(4) 私のベトナム語、分かりますか。

英語を学びたてのころ、「通じるのだろうか」「分かってもらえなかったらどうしよう」という不安を抱えていた人も多いでしょう。ベトナム語も同じですね。

① Tr.053

Kyoko: Liên san có hiểu không?

リエンさん、分かりますか。

Liên: Mình hiểu. Kyoko san có hiểu không?

分かります。京子さん、分かりますか。

Kyoko: Mình không hiểu.

分かりません。

....

② Tr.054

Liên: Kyoko san nói lại nhé.

京子さん、もう一度話してね。

Kyoko: Liên san đã hiểu chưa?

リエンさん、もう分かりましたか。

Liên: Mình hiểu rồi. Kyoko san nói chậm nhé.

分かりました。京子さん、ゆっくり話してね。

....

Liên: **Alô! Liên đây!**

もしもし、リエンです！

Kyoko: **Liên san nói nhanh quá, nói chậm lại nhé.**

リエンさん、早口だなあ、ゆっくり話してね。

Liên: **Kyoko san ơi!**
Kyoko san có nghe được không?

京子さーん、聞こえますか。

Kyoko: **Alô! Mình nghe không rõ.**

もしもし、よく聞こえません。

①の hiểu が「分かる」「理解する」を意味する重要な動詞です。hiểu がカバーする範囲はかなり広大です。まずは、物事の意味や本質を「理解する、分かる」。それから、他人の気持ちが「分かる」です。

②では、lại に注目です。nói lại は「もう一度話す」の意味ですから、動作の繰り返しを表す語だと考えられますね。

しっかりつながる

> 動詞 + lại
> （一度やったことを）もう一度やる、繰り返しやる

文末の🔴nhé は日本語の「ね」に似ています。南部では🔴nha が好まれます。さらに、ここでは「もう〜しましたか」と尋ねる表現も出ています。動作や状態が完結しているかどうか、そして経験について聞くことができます。

しっかりつながる

> 主語 + đã +動詞〜+ chưa?　もう〜しましたか。

おそらく、日本国内で最も頻繁に聞かれるのは Bạn đã đi Việt Nam chưa?「あなたはもうベトナムに行きましたか」かもしれませんね。

京子の答えで、rồi が出てきました。動作や状態が完結していることを示す語で、「もう〜だ」の意味です。ちなみに、まだ理解していないなら **chưa** +**動詞**のかたちで、

Mình chưa hiểu.　まだ分かりません。

のように答えます。

しっかりつながる

主語＋ chưa ＋動詞〜　まだ〜しません

chậm は「ゆっくり」です。反意語「速い」nhanh も知っておき
ましょう。

③のように今度はこちらからも要望を出してみませんか。その前
に、alô は「もしもし」です。そして、名乗るときは名前＋ đây で「〜
です」と言います。

そういえば、電話やオンライン会議などで自分の声が聞こえてい
るのかどうかを確認したり、相手に「聞こえない」ことを伝える表
現も必要ですね。

親しい間柄なら簡単に "Nghe được không?"「聞こえる？」
"Không nghe được"「聞こえません」でもいいですね。rõ は「はっ
きり、くっきり」の意味です。これを活用して、こんな表現もできます。

Mình đã hiểu rõ rồi.　よく分かりました。

「分かりません」ときっぱり宣言することに抵抗を感じてしまうあ
なたには、こんな表現も便利です。

Mình chưa hiểu rõ lắm.　あまりはっきり分かりません。

ここまでの説明、分かりましたか？

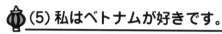 **(5) 私はベトナムが好きです。**

> みなさんはベトナム語を学び、ベトナム人を見つけてはベトナム語で
> 声をかけるのですから、ベトナム人の目には相当なベトナム好きに映
> るのかもしれません。

① `Tr.056`

Mai: **Kyoko san có thích Việt Nam không?**

京子さん、ベトナムが好きですか。

Kyoko: **Ừ, mình thích Việt Nam lắm.**

うん、私はベトナムがとっても好きです。

Mai: **Trong các món ăn Việt Nam Kyoko san thích ăn gì nhất?**

ベトナム料理の中で、京子さんは何が一番好きですか。

Kyoko: **Mình thích ăn chả giò nhất.**
Trong các món ăn Nhật Bản Mai san thích ăn gì nhất?

揚げ春巻きが一番好きです。

日本料理の中でマイさんは何が一番好きですか。

Mai: **Mình thích ăn tempura nhất.**

てんぷらが一番好きです。

②   Tr.057

Yến: **Kyoko san biết không? Long yêu Kim đấy.**

京子さん、知ってる？ロンはキムを愛しているんだよ。

Kyoko: **Long yêu Kim à?**

ロンがキムを愛しているの？

Yến: **Ừ.**

うん。

....

③   Tr.058

Yến: **Kyoko san có thích nghe nhạc Việt Nam không?**

京子さん、ベトナムの音楽を聴くのは好きですか。

Kyoko: **Ừ. Mình say mê nghe nhạc Việt Nam.**

うん。ベトナムの音楽を聴くのに夢中です。

Yến: **Kyoko san thích nghe nhạc gì nhất?**

京子さんは何の音楽を聴くのが一番好きですか。

Kyoko: **Mình thích nghe nhạc vàng nhất.**

懐メロを聞くのが一番好きです。

まずは①の **thích**「好きだ」を用いた表現を見てみましょう。**thích Việt Nam** ならば「ベトナムが好き」ですが、この **thích** の後に **nói**「話す」、**nghe**「聞く、聴く」などの動詞がくることもありますね。

しっかりつながる

主語＋ **thích** ＋動詞〜　〜するのが好きです、〜したいです

　ừ は「うん」のようなカジュアルなお返事です。目上の人には言いませんが、友達同士ではよく使います。

　trong「中で」や **món ăn**「料理」、**nhất**「一番」などはじめて見る語が並びますが、**thích ăn chả giò**（春巻きを食べるのが好き）の部分は分かりますね。揚げ春巻きは南部では🔴**chả giò**、北部では🔵**nem rán** と別の呼び方があります。名前だけではなく、大きさや具材も異なります。ベトナム人の友達の手料理でも、レストランの一品でも、それぞれの味を楽しんでください。

　このパターンを使えば、「ビールを飲むのが好き」**thích uống bia** も、「ベトナムコーヒーを飲むのが好き」**thích uống cà phê Việt Nam** も言えるようになります。

　そうそう、「あまり好きではない」のもはっきり言えるほうがいいですね。

　Mình không thích ăn hột vịt lộn lắm.
　私はホビロンが苦手です。

　🔴 **hột vịt lộn**、🔵 **trứng vịt lộn** は孵化しそうなアヒルの卵を蒸したり茹でたりしたもので、塩・コショウにライムをひと絞りしたタレとタデの葉とともに食べる、国民的おやつです。

②を見ると、「好き」にもいろいろなランクがありますね。ここでは thích と yêu を説明します。

Mình thích Mai.　私はマイが好きです。

この thích は話題や価値観が合って、一緒にいることが楽しい友人について言うときに使います。恋愛対象としての「好き」、つまり「愛している」は yêu を使って表現します。語学書なのにこんな例文が出てきてしまいました。

ちなみに自分のベトナム愛を語るときは "Tôi yêu Việt Nam." です。ベトナム人自身もこのフレーズを愛用しています。ウェブ上には "Tôi yêu Việt Nam" のロゴがたくさんアップされていて自由に使えますし、ずばり "Tôi yêu Việt Nam" という曲もあります。文末の đấy は強調や確認を表す語で、「～だよ！」とか「～なの？」の意味です。文末の à は「物事をはっきりさせたいとき」に使います。「～なの？」のような意味ですね。

③の say mê は「夢中になる」「熱中する」の意味。こんなかたちで使いましょう。

しっかりつながる

主語＋ say mê ＋動詞～　～するのに夢中です

nhạc は「音楽」を意味する語です。nhạc vàng は往年のロマンチックなメロディー。懐メロですね。

最後に、みなさんと次の１文を確認しあって、ひとやすみにしましょう。

Mình say mê học tiếng Việt.
私はベトナム語の勉強に夢中です。

3. ご近所でつながろう

🏮（1）故郷はどこですか。

親しくなれば、お互いの故郷も話題に上るようになります。

①

Tr.059

Hiroko: **Linh san ơi, quê bạn ở đâu?**

リンさ〜ん、故郷はどこですか。

Linh: **Quê mình ở Hà Nội.**

私の郷里はハノイです。

Hiroko: **Hà Nội là thủ đô, phải không?**

ハノイは首都ですよね。

Linh: **Ừ, đúng rồi.**

うん、そうです。

- -

②

Tr.060

Hiroko: **Nam san là người miền Nam, phải không?**

ナムさんは南部人ですよね。

Nam: **Ừ. Ba mình là người Sài Gòn, còn má mình là người miền Tây.**

うん。うちの父はサイゴン人、母はメコンデルタの人です。

96

Hiroko: Ở đâu?

どこ？

Nam: Cần Thơ. Thành phố lớn nhất ở Đồng bằng Sông Cửu Long.

カントー。メコンデルタ最大の都市。

....

③

Tr.061

Nam: Quê của thầy Tahara ở đâu?

田原先生の田舎はどこですか。

Tahara: Quê mình ở Niigata.

新潟です。

Nam: Đặc sản Niigata là gì?

新潟の名物は何ですか。

Tahara: Niigata nổi tiếng về gạo Koshihikari và sake. Còn quê của Nam ở đâu?

新潟はお米のこしひかりと酒が有名です。

で、ナムの田舎はどこですか。

Nam: Quê tôi ở Sài Gòn, thành phố nhộn nhịp nhất Việt Nam.

サイゴンです。ベトナムの最も賑やかな都市です。

97

①に出てくる quê は日本語の「故郷」「田舎」によく似ています。出身地やふるさとという意味の「郷里」、それから「都会」に対しての「田舎」の意味、両方持っています。Quê ở đâu?「出身はどこ？」と聞くのはベトナム人同士のコミュニケーションによく出てきます。少し話せば、相手の方言でだいたい推測できるのですが、やはり共通の話題を求めたり、親近感を持ったりするために、このように聞くのです。thủ đô は「首都」です。

②を見てください。日ごろの話し方から、ナムは南部出身だろうと考えていたので、ひろこは**主語〜 phải không?** のかたちで確認してみます。ナムの答えに南ba 父、南má 母と南部の言い回しが出ていますね。mình は、ここでは「自分」の意味です。

もっとつながる

đông 東／ tây 西／ nam 南／ bắc 北

miền 「地方」の後に方位を示す語を置いて、miền Bắc 「北部」のように言います。また、Đông Nam Á「東南アジア」という語も知っておきましょう。Á は「アジア」です。

さて、メコンデルタに当たる語が2通りあることにお気付きですか。miền Tây は「メコンデルタ地方」の意味です。さらに Đồng bằng Sông Cửu Long にご注目ください。đồng bằng が「デルタ」、sông は「川」です。Sông Cửu Long がメコン川の意味です。長いので、新聞などでは ĐBSCL と書かれることも多いです。

thành phố は「都市」の意味です。また南lớn 「大きい」、北to は反意語の nhỏ 「小さい」と一緒に覚えておきましょう。

③ではナムが興味を持って聞いてきます。đặc sản は「名物」とか「特産品」です。出身地の「お国自慢」で盛り上がるのはベトナム人も同じです。

しっかりつながる

> nổi tiếng 「有名な」+ về 〜　〜が有名だ

gạo は「コメ」。日本もベトナムもお米の国です。種類も食べ方もたくさんあります。và は「と」の役割を持つ語です。

もっとつながる

gạo lức 玄米／ gạo tẻ うるち米／ gạo nếp もち米

コメを炊いて、食卓にあげると cơm 「ごはん」です。せっかくなので、お米関連の語をまとめておきましょう。

もっとつながる

vo gạo 米を研ぐ／ nấu cơm ご飯を炊く／
nấu cháo お粥を炊く

サイゴン出身のナムは、ここを最も nhộn nhịp 「活気がある」都市だと自慢しています。実際にサイゴンを歩いてみると、さまざまな地方の言葉が聞こえてきますし、全国各地の名物料理の店もたくさんあります。ベトナム全土からヒトもモノも集まるこの街はベトナムの目覚ましい発展ぶりを象徴しているかのようです。

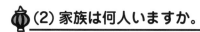 **(2) 家族は何人いますか。**

出身地や家族のことを尋ね合うのは、ベトナム語のコミュニケーションで欠かすことができません。

① Tr.062

Linh: **Gia đình Hiroko san có mấy người?**

ひろこさんの家族は何人ですか。

Hiroko: **Gia đình mình có 5 người : Bố mẹ, anh trai, mình và em gái. Còn Linh san?**

うちは5人家族。父母、兄、私、妹です。で、リンさんは。

Linh: **4 người : Mẹ, chị gái, mình và em trai. Bố mình đã mất rồi.**

4人です。母、姉、私と弟。私の父は亡くなりました。

Hiroko: **Em trai của Linh san mấy tuổi?**

リンさんの弟は何歳ですか。

Linh: **9 tuổi.**

はい、9歳です。

100

Linh: **Ông bà Hiroko san có khỏe không?**

ひろこさんのおじいちゃんとおばあちゃんは元気ですか。

Hiroko: **Dạ, ông bà mình khỏe.**

はい。おじいちゃん、おばあちゃんは元気です。

Linh: **Cả ông bà nội và ông bà ngoại?**

内戚も外戚も？

Hiroko: **Ông bà nội và ông bà ngoại có khác nhau không?**

内戚の祖父母と外戚の祖父母は違うの？

Linh: **Khác nhau chứ. Ông bà nội là bố mẹ của bố, còn ông bà ngoại là bố mẹ của mẹ.**
Anh trai của Hiroko san đã lập gia đình chưa?

もちろん違うよ。内戚の祖父母はお父さんの両親、外戚の祖父母はお母さんの両親です。
ひろこさんのお兄さんは家庭を築きましたか。

Hiroko: **Rồi. Anh trai mình đã lập gia đình rồi.**

はい。私の兄は家庭を築きました。

①では数量の尋ね方を見てみましょう。mấy「どれだけ」người「人」で「何人（なんにん）」と尋ねることができます。単位を示す語の前に mấy を置くだけです。

家族メンバーを表す語も出てきましたね。まずは gia đình「家族、家庭」の意味です。すでに見てきた 北 bố ／南 ba「父」、北 mẹ／南 má「母」のほかに、anh trai「兄」、chị gái「姉」、em trai「弟」、em gái「妹」も知っておくと便利です。それから、複数を言いたいとき、たとえば姉がふたりいる場合には 2 chị gái というように、数詞を前に置きます。

さらに、mấy を使って、リンの弟の年齢を尋ねてみます。tuổi は「歳」を意味します。

さて、リンの家族構成を見ると、お父さんはもう亡くなっているようです。mất は（人が）亡くなる、（物が）無くなる、の意味です。ほかにも chết がありますが、こちらは直接的に「死ぬ」を意味するので、日ごろの会話では mất を使うといいでしょう。

もっとつながる

> sinh con 出産する／sinh ra 産まれる／chết 死ぬ

もうひとつ、気になる表現があります。**đã ＋動作＋ rồi** で、その動作がすでに完結していることを表します。日本語なら「すでに～した」という感じですね。

しっかりつながる

> 主語＋ đã ＋動詞～＋ rồi　すでに～した／もう～しました

たとえば、Tôi đã đi Việt Nam rồi. は「私はベトナムに行った」

だし、**Nam đã học tiếng Nhật rồi.** は「ナムはもう日本語を勉強した」の意味になります。なお、この瞬間に起きていることやこれからのことなどをどう表現するのかは少し先で説明します。

②では今度はリンが質問してきました。**ông**「おじいちゃん、祖父」、**bà**「おばあちゃん、祖母」はたびたび出てきた語。ひろこが **ông bà** と続けて言いましたね。これは「おじいちゃんおばあちゃん」や「祖父母」になります。北**bố mẹ** や南 **ba má** で「父母」「両親」を表せるのと同じです。

リンは **ông bà** の後ろに **nội**「内側」や **ngoại**「外側」という語を付けています。ベトナム語では内戚（父方）**nội** と外戚（母方）**ngoại** を明示することが多いです。**khác** は「異なる」、**nhau** は「互いに」を意味します。**khác nhau** は「それぞれ違う、異なる」ということです。また、リンは強調の働きをする語 **chứ** を文末に置いています。「もちろん」とか「当然」というニュアンスになります。

lập gia đình「家庭を築く」という表現にも親しんでおきましょう。

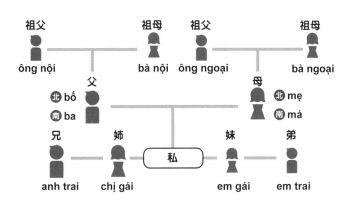

🏮 (3) いつ日本に来ましたか。

日本での生活が長そうなリンに、ひろこが聞いています。

① `Tr.064`

Hiroko: **Linh san đã đến Nhật Bản khi nào?**
リンさんはいつ日本に来たの？

Linh: **Năm ngoái.**
去年。

Hiroko: **Khi nào Linh san sẽ về nước?**
リンさんはいつ帰国するの？

Linh: **À, có lẽ là năm sau.**
えーっと、たぶん来年。

Hiroko: **Linh san đã học tiếng Nhật từ khi nào?**
リンさんはいつから日本語を勉強しているの？

Linh: **Mình đã học tiếng Nhật từ đầu năm nay.**
今年の始めから勉強しました。

....

104

Hiroko: **Kim san đã ở Nhật Bản bao lâu rồi?**

キムさんは日本に住んでどれくらいになったの？

Kim: **Mình ở Nhật 2 năm rồi.**

日本に住んで２年になりました。

Hiroko: **Kim sẽ ở Nhật bao lâu nữa?**

あとどれくらい日本にいるの？

Kim: **Mình chưa biết!**

まだ分かりません！

....

Hiroko: **Ngày mai trời mưa không?**

明日、雨が降りますか。

Linh: **Có thể.**

降るかもね。

①では「いつ」を意味する khi nào を見ておきます。ひろこは「いつ来たのか」「いつ帰るのか」を聞いています。前者は来日時期だから「すでに起こった出来事」で、後者は帰国予定、つまり「まだ起こっていないこと」に関して、「いつ？」と尋ねています。ベトナム語で「いつ」を尋ねるときは khi nào を使いますが、重要なのは文中での位置です。すでに起こったことは khi nào を文末に、まだ起こっていないことについては khi nào を文頭に置きます。khi は「時」で、nào は「どの」を意味する語です。

しっかりつながる

> 「いつ」起きたのかは khi nào を文末に
> これからのことを「いつ？」と聞くのには文頭に

さらに、年の言い方にも親しみましょう。

もっとつながる

năm ngoái 去年／ năm nay 今年／ năm sau 来年

また、đầu「はじめ」、giữa「中間」、cuối「終わり」を使って、週や月、年のいつごろかを表わすこともできます。
さて、có lẽ「たぶん」も便利な表現です。文頭においてあまり確実ではないことを述べたり、単独で用いて「たぶんね」のように使ったりできます。từ は起点「〜から」を意味する語です。

しっかりつながる

> từ A đến B　　 A から B まで

②のひろこは、キムに日本に住んでいる期間について聞いている
ようです。時間や期間がどれくらいなのかを聞くときには **bao lâu**
「（時間の長さが）どれくらい」を使います。今までの出来事、これ
から起こることの両方に使えます。

sẽ を見てください。これは **đã** とは反対に、動作や状態がこれか
ら始まることを示します。**Tôi sẽ về nước.** 「私は帰国します」で
は「帰国する」という動作はこれから始まるのです。

しっかりつながる

> **đã** もう起きたこと／ **sẽ** これから始まること／ **chưa**
> まだ始まっていないこと
> 動詞の前に置く

この会話で、ひろこが **bao lâu nữa?** と聞いています。

この **nữa** は「もっと」「さらに」の意味です。したがって、「これ
からさらにどれくらい（の時間）？」という質問なのですね。また、
動詞にくっついて、もっと〜する、を言うこともできます。

③の **trời** 「空」「天気」。実は「チョイ・オーイ！」「おお、神よ」
で出てきましたが、こちらの意味も覚えておきましょう。

もっとつながる

> **nắng** 日差しがある／ **trời nắng** 晴天だ／ **mưa** 雨、雨が
> 降る／ **trời mưa** 雨だ

リンの返事 **Có thể.** は「可能性がある」を示す語で、ここでの意
味は「そうかもね」という感じでしょうか。

🏮 (4) 日本で何をしていますか。

リンがひろこに友達を紹介しています。友達の友達とつながるのも楽しいですね。

① Tr.067

Linh: **Chào Hiroko san.**

Đây là Hương san, bạn của Linh.

こんにちは、ひろこさん。
こちらはフォンさん、
私の友達です。

Hiroko: **Xin chào. Hương san đang làm gì ở Nhật?**

こんにちは。フォンさんは日本で何をしているの？

Hương: **Chào Hiroko san, mình đang học tiếng Nhật.**

こんにちは、ひろこさん。日本語を勉強しています。

Hiroko: **Hương san học tiếng Nhật bao lâu rồi?**

フォンさんはどのくらい日本語を勉強しているの？

Hương: **Mình đã học tiếng Nhật 1 năm rồi.**

私は1年日本語を勉強しました。

Linh: **Trời sắp mưa, chúng ta đi về đi.**

もうすぐ雨が降りそうだ、帰りましょう。

Hương: Còn đây là Hải san, bạn của Hương.

そして、こちらはハイさん。私の友達です。

Hiroko: Chào Hải san. Hải san ở Nhật Bản bao lâu rồi?

ハイさん、こんにちは。ハイさんは日本に住んでどれくらいですか。

Hải: Chào Hiroko san.
Mình ở Nhật Bản được 2 năm rồi.

ひろこさん、こんにちは。日本に住んで２年です。

Hiroko: Hải san đến Nhật để làm gì?

ハイさんは何をしに日本に来たのですか。

Hải: Mình đến Nhật để làm việc.

僕は仕事をするために日本に来ました。

Hiroko: Hải san làm việc ở đâu?

ハイさんはどこで仕事していますか。

Hải: Mình đang làm việc ở công ty hải sản.

海産物の会社で仕事しています。

Hiroko: Công ty của Hải san nằm ở đâu?

ハイさんの会社はどこにありますか。

Hải: Công ty của mình nằm ở Yokohama.

私の会社は横浜にあります。

①で人を紹介するときの定番フレーズは **Đây là 〜** . です。「こちらは〜さんです」のほかに、「これは〜です」とモノを紹介するときにも使えて便利です。次も定番表現です。

しっかりつながる

> あなた＋ đang làm gì?　あなたは何していますか。

実は、「何している？」にはふたつの意味があります。この瞬間に何をやっているの？と現在の動作を尋ねたり、職業や仕事について「何している？」と尋ねたり、です。ベトナム語の **đang làm gì?** もこの双方に使えます。

さらに đang を見てみます。これは、動作を示す語の前について、その動作が「すでに始まって、継続しているさま」を表します。〜している最中、と訳せばいいですね。

空を見上げると雨雲が出てきたようです。動作や状態が「もうすぐ」始まるのは sắp を用いて表します。この sắp は、ngày mai「明日」、năm sau「来年」のように具体的に時や時間を示す語とは一緒に使えない点に注意してください。

しっかりつながる

> sắp は具体的な時を表す語と一緒に使えない

天気を表す語を補っておきましょう。

もっとつながる

> nhiều mây 雲が多い／ nóng 暑い、熱い／ lạnh 寒い

chúng ta は聞き手を含めた「私たち」「我々」です。đi về は「帰る」で、文末の đi には命令やうながしの働きがあります。

110

②ではまず còn「そして」を見ます。今まで述べたことと異なることを言うときに使います。「一方で」とか「そして」の意味ですね。次に để「〜するために」の使い方を見ておきましょう。ハイは「仕事するために日本に来た」と言っています。ベトナム語に目を向けると、đến Nhật「日本に来る」と làm việc「仕事する」のふたつのかたまりが見えてきます。かたまりの間にある để が「〜するために」を意味しているのです。注意したいのはかたまりを並べる順序です。

しっかりつながる

> 日本語では「A するために B する」
> ベトナム語では B để A

その上のひろこの疑問文は「何をするために日本に来たの？」ですね。ベトナム語の語順と見比べてみましょう。「何をする」は làm gì で A に当たります。「日本に来る」は đến Nhật で B です。để「〜するために」を挟んで、日本語とベトナム語では順序が逆になっていることがはっきり見えますね。

この để làm gì? は単独でも用いられます。「何のために」とか、「どうして」と尋ねる表現です。ハイの勤務先は công ty「会社」hải sản「海産物」です。nằm は「横になる、横たわる」や「位置する、所在する」を意味する語です。

みなさんは次の表現にたびたび直面するはずです。

Bạn học tiếng Việt để làm gì?

あなたは何をするためにベトナム語を勉強しているのですか。

あなたならどう答えますか？

🏮 (5) 日本の生活はどうですか。

日本の暮らしが長いハイに、日本の印象を聞いてみることにしました。

① Tr.069

Hiroko: Hải san thấy Nhật Bản như thế nào?

ハイさんは日本をどのように思いますか。

Hải: Mình thấy Nhật Bản văn minh, sạch sẽ và yên tĩnh.

日本は進んでいて、清潔で、静かだと思います。

Hiroko: Tại sao Hải san thấy như thế?

なぜハイさんはそう思うのですか。

Hải: Ừ, để mình xem...Vì khi lái xe người Nhật không bấm còi nhiều như người Việt.

うーん、ちょっと待って。車を運転するとき、日本人はベトナム人のようにクラクションを多く鳴らさないから。

Hiroko: Hải san thấy cuộc sống Nhật Bản như thế nào?

ハイさんは日本の生活をどのように感じますか。

Hải: Cuộc sống ở đây tiện lợi và thoải mái.

ここの生活は便利で快適ですね。

Nam: Hiroko san thấy người Việt Nam như thế nào?

ひろこさんはベトナム人をどのように思いますか。

Hiroko: Mình thấy người Việt Nam thân thiện, vui vẻ và thật thà.

ベトナム人は親切で、楽しくて、正直だと思います。

Nam: Vì sao Hiroko san nghĩ như vậy?

なぜひろこさんはそう考えるのですか。

Hiroko: Vì bạn mình ai cũng vậy.
Nam san thấy người Nhật như thế nào?

私の友達は誰もがそうだからです。
ナムさんは日本人をどう思いますか。

Nam: Mình thấy người Nhật nghiêm túc, cẩn trọng và tập trung.

日本人はまじめで、慎重で、集中力があると思う。

113

まず、①の thấy「見る、感じる、思う」はとても重要な語。同じ「見る」でもテレビや映画を見るのは xem ですが、「目に入る」のニュアンスなら thấy がいいでしょう。また、自分の意見や感想を押しつけがましくなく言うときにも便利です。

　như thế nào は「どのように」とか「どんな風に」を尋ねる語句です。細かく見ておくと、như は「〜のように」で、thế nào「どんな」の意味です。thế nào を用いた Hôm nay trời thế nào?「今日、天気はどうですか？」を知っておくとよいでしょう。また、như thế なら「そのように」の意味になりますね。

　ベトナム人が日本について話すとき、văn minh「（文化的に）進んでいる」、sạch sẽ「清潔な」、yên tĩnh「静かな、静粛な」がキーワードになるようです。

　さて、なぜ？と尋ねるには文頭に tại sao または vì sao を置いて疑問文を作ります。"Tại sao?" や "Vì sao?" だけで、単に「なぜ？」「どうして？」と聞くことも可能です。

　そして、理由は vì「なぜなら」から始める文で答えます。ハイの答えをみてください。khi は「とき」を意味します。つづいて lái「運転する」、xe「車」、bấm「押す」、còi「クラクション」という語が出てきます。テレビや動画でベトナムの街並みが映るときにはクラクションが響いていますね。まさにベトナム！という風景です。nhiều は「多く、たくさん」の意味です。

もっとつながる

> bấm chuông ベルを鳴らす／bấm nút　ボタンを押す

　そうそう、Để mình xem.「ちょっと待って」を知っておけば、うまく時間稼ぎができます。自分の考えをまとめたいときや即答を

控えたいときなどに使います。

　cuộc sống は「生活」の意味です。tiện lợi「便利な」、thoải mái「快適な」という語が並んでいるので、ハイは日本の生活が気に入っているようですね。

　②では今度はナムがひろこにベトナム人の印象を尋ねています。nghĩ は「考える」です。また、ナムは南部出身なので、🔵 thế よりも🟢 vậy を使い慣れているようです。意味はどちらも「そのように」とか「その通り」です。

　ひろこはベトナム人を thân thiện「親切」、vui vẻ「楽しい」、thật thà「正直な、実直な」と高く評価しています。もちろん誰もがいい人であるわけではないのですが。

　ai「誰」は疑問詞です。ここでは「誰ですか？」と尋ねているのではなく、私の友達なら「誰もが」の意味で使っています。直後のcũng が「も」ですから、ai cũng vậy は「誰もがそのようだ」となるわけです。

もっとつながる

cảm thấy 感じ取る／ nhận thấy 認識する／
suy nghĩ 深く考える

　ナムの日本人観は nghiêm túc「まじめ」、cẩn trọng「慎重な」、そして tập trung「集中する」「集中して取り組む」ということでした。きっと素晴らしい友達をたくさん持っているのでしょう。

　よきベトナム人の友人を持つこと…。これはベトナム語学習の推進力になりますね。みなさんもベトナム人と素敵な出会いに恵まれますように。

4. 心でつながろう

🏮 (1) チョイ・オーイ

これまでさまざまなテーマでのつながりを求めてきました。しかし、実際のコミュニケーションにはあいづちも大切だし、何気ないひとことが共感を生むこともあります。

① Tr.071

Nam: **Hôm qua vùng Kansai bị động đất. Sợ quá.**

昨日、関西地方で地震がありました、とっても恐いなあ。

Kyoko: **Nhật Bản là một nước hay bị động đất, một năm bị khoảng 2000 trận.**

日本は地震が多い国のひとつで、毎年だいたい2000回くらいあります。

Nam: **Trời ơi!**

おお、神よ。

Kyoko: **Năm 2011, ở miền Đông Nhật Bản đã xảy ra một trận động đất lớn.**

2011年に東日本で大きな地震が発生しました。

Nam: **Dạ, tôi cũng biết.**

私も知っています。

Linh: Ôi giời ơi!

おお、神よ！

Kyoko: Sao, Linh san?

どうしたの、リンさん？

Linh: Ngày mai mình phải thuyết trình bằng tiếng Nhật.

明日、日本語でプレゼンしなければなりません。

Kyoko: Ghê quá!

恐ろしいなあ！

Linh: Kyoko san giúp mình được không?

京子さん、手伝ってくれますか。

Kyoko: Được chứ.

もちろん。

①の **động đất** は「地震」。**bị động đất** で「地震が起こる、地震に見舞われる」の意味になります。**xảy ra** は「発生する」「身に降りかかる」で、たいてい事件や事故などを言うときに用います。また、**động đất** の前にある **trận** は戦争や災害などにつく語です。実用のチャンスがないことを願いながら、覚えておきましょう。

もっとつながる

> 🔵 to, 🔴 lớn 大きい／ nhỏ 小さい

vùng「地方」、**nước**「国」を知っておくと便利です。また、動詞の前の **hay** は動作や出来事の頻度が高いことを示す語ですね。

なお、**khoảng** は「だいたい」「約」の意味で、知っておくと便利な語です。

🔴**Trời ơi!** は、この本でもすでに見てきましたが、ベトナムを訪れる日本人、ベトナム人とのコミュニケーション経験がある人は、だいたい耳にしてきたはずです。「チョイ・オーイ」は、直訳すれば「おお、神よ」です。日本語の「あちゃー」とか「わっちゃー」のように、自分の想定外の事態が発生したときや、びっくりしたとき、二の句が継げないときなどに使います。想定外と言いながら、使用頻度はかなり高めです。ほとんど口癖、という人もいます。短く発音すれば、衝撃度が高いことを示せます。柔らかく、そしてオーイを長く伸ばすように言うと、「まったく、もう〜」のような意味合いを出せます。

もっとつながる　　　　　　　　　　　　　　　　　　　Tr.073

> Trời đất ơi! 天よ、地よ！
>
> Ủa!? おや!?（驚きや意外な気持ちを表す）
>
> Ê! ちょっと!（親しい人に呼び掛ける。親しい人を呼び止める）

ベトナム北部では❷ Ôi giời ơi!「オイ・ゾイ・オーイ」となります。ニュースを見ながら、リンさんが嘆いています。「オイ・ゾイ・オーイ」にもいくつかバリエーションがあり、たとえば驚愕やびっくりした気持ちを表すときには、短く Ôi giời!「オイ・ゾイ」がいいでしょう。この短め「オイ・ゾイ」はあいづちとしても便利です。

もっとつながる

> sóng thần 津波
> Coi chừng sóng thần! 津波に気をつけよ！

②の会話を見ると、リンが慌てている様子が見えてきました。thuyết trình「プレゼンする」という語が理解できれば、プレゼンの準備で焦っているのだなと気づきます。しかも、bằng tiếng Nhật、つまり「日本語で」。京子に手助けを求めるのも分かる気がします。giúp は「手伝う、助ける」の意味です。

もっとつながる   `Tr.074`

> Sao? どうした？どうして？／ Tại sao? どうして？なぜ？

京子は思わず "Ghê quá!" と言いました。ghê は「恐ろしい」「恐怖だ」の意味です。身の毛もよだつシーンで使うのみならず、日本語の「やば！」みたいな感覚で口にすることもできます。Trời ơi! や Ôi giời ơi! などと同様に、Ghê quá! が口癖になっているベトナム人もいて、まさに Ghê quá! ですね。

最後の一文で chứ を使うのは được「できる」を強調するためです。「もちろんできますとも」という気持ちを表せます。

もっとつながる   `Tr.075`

> Ngon ghê! やば、うまい！／ Đẹp ghê!　美しすぎてヤバい。

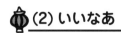 **(2) いいなあ**

「いいね」と言ってあげるのはコミュニケーションの基本なのかもしれません。

① Tr.076

Kyoko: **Ngày mai Nam san có rảnh không?**
ナムさん、明日はひまですか。

Nam: **Ừ, mình rảnh.**
うん、ひまです。

Kyoko: **Vậy thì chúng ta đi hát karaoke đi.**
じゃあ、一緒にカラオケに行こうよ。

Nam: **Hay quá.**
いいなあ。

Kyoko: **Má mình muốn mời Nam san ăn cơm Nhật.**

ウチの母がナムさんに日本食をごちそうしたいと言っています。

Nam: **Thích quá.**

いいなあ。

Kyoko: **Vậy, 6 giờ chiều nha.**

じゃあ、午後6時ね。

Nam: **Cám ơn Kyoko san.**

ありがとう、京子さん。

....

Nam: **Mình thi tiếng Nhật xong rồi.**

日本語の試験を受け終わりました。

Kyoko: **Nam san làm được không?**

できましたか。

Nam: **Mình làm được.**

できました。

Kyoko: **Tốt quá!**

よかったー！

①まず見ておきたいのは、友達の誘い方です。"Rảnh không?"「ひま？」のひとことから始めます。南 rảnh、北 rỗi どちらも「ひまな」を意味する語です。

もっとつながる

> Đang bận. 忙しいです。お取り込み中です。

そして、**chúng ta ＋動詞**は「一緒に〜しよう」と声をかけるのに便利なフレーズです。đi は「行く」、hát は「歌う」なので、đi hát karaoke は「カラオケを歌いに行く」ということです。đi ＋動詞で「〜しに行く」と言えることも再確認です。

しっかりつながる

> Chúng ta ＋動詞　一緒に〜しよう

文末にも同じ đi がありますが、この例のような文末の đi は命令やうながしを表しています。「〜しましょうよ」と強めているわけですね。vậy は「そのように」「それならば」を意味する語で、北 thế とペアで覚えておきましょう。

最後に出てくるのが便利なあいづち表現、Hay quá!「いいなあ」です。他人の提案や意見に「いいなあ」「そうしたいなあ」と思ったら、まずは Hay quá! です。会話をいっそう盛り上げてくれるはずです。

ベトナム語の「いい」「良い」にはいくつかの語がありますが、hay は「心地よい感激を生む、面白い、効能が優れている」から「いい」、を表します。人や物の良し悪しを言うなら tốt「いい、良い」を用い、「優秀な、優れている」の意味での「いい」は giỏi と言います。

もっとつながる

> hàng tốt いい品物／người tốt いい人／học sinh giỏi
> いい学生／phim hay いい映画／sách hay いい本

②は「お招きする」「招待する」ですね。ちょっとだけ生々しいお話になりますが、ベトナム語の mời は「ご招待」ですから、招待する側が金銭を負担します。そもそも割り勘があまり一般的ではないので、mời という語で誘っておきながら、お金を半分払ってくださいとなると、ベトナム人は釈然としないはずです。

しっかりつながる

> 主語＋ mời ＋ A さん ＋ 動詞
> A さんを〜にお招きする、ごちそうする

thích は「好きだ」のほかに、「好ましい、気分がいい」を意味します。ごちそうになるのは、確かに「好ましい」し、「気分がいい」ですよね。"Thích quá!" や "Thích thật!"「実に気分がいい」も使えるといいですね。

もっとつながる

món ăn Tây 西洋料理
món ăn Việt Nam ベトナム料理

giờ は「時」です。一日の中の時間はこんな感じに表します。

もっとつながる

6 giờ 15 phút 6 時 15 分
ただし、phút「分」は省略するのが一般的。
sáng 朝／**trưa** 昼／**chiều** 午後／**tối** 夜

③では thi「試験を受ける」を見てください。ほかに đi thi「試験を受けに行く」の表現も便利です。xong は「終わる、終える」を意味します。

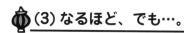 **(3) なるほど、でも…。**

今の世の中、忘れてはならないものを忘れると大変です。

① Tr.079

Kyoko: **Ôi giời ơi!**

オイ・ゾイ・オーイ！

Linh: **Có sao không, Kyoko san?**

どうしたの、京子さん？

Kyoko: **Mình quên không đeo kính đen.**
Thảo nào hôm nay mình thấy chói mắt.

サングラスかけるのを忘れました。

なるほど、今日はまぶしく感じるわけだ。

Hiroko: **Chết rồi!**

しまったー！

Nam: **Sao, Hiroko san?**

どうしたの、ひろこさん？

Hiroko: **Mình bị mất điện thoại rồi.**

電話を失くしちゃった。

Nam: **Hèn chi mình gọi mãi mà không được.**

なるほどね、ずっと電話がつながらないわけだ。

....

Nam: **Tại sao hôm nay đông người vậy?**

どうして今日は混んでいるの？

Kyoko: **Vì hôm nay ở đây có lễ hội.**

今日はここでお祭りがあるから。

Nam: **Hèn chi xe buýt cũng đến trễ.**

なるほど、バスも遅れるわけだ。

①で京子は「オイ・ゾイ・オーイ」をさっそく活用しています。リンは "Có sao không?" と尋ねていますが、"Sao?"「どうしたの？」を丁寧に尋ねるフレーズです。これなら、場所や相手を選ばずに使えますね。

quên は「忘れる」を意味する重要語。くれぐれも忘れないでください。

さて、đeo はアクセサリーなど「脱着が容易なものを身に着ける」の意味です。kính は「めがね」、kính đen は「サングラス」の意味です。thấy は「見る、気付く、感じる」。これも重要語ですね。chói mắt は「まぶしい」「目がちかちかする」です。

もっとつながる

| đeo đồng hồ | 時計を着ける |
| đeo khẩu trang | マスクをする |

🧭 thảo nào は「なるほど」とか「道理でね」のあいづちです。後に文をつなげずに、"Thảo nào." だけでも十分です。また、🧭 "Thì ra là thế."「なるほどね」も便利です。

もっとつながる　　　　　　　　　　　　　　　　Tr.082

Có lý.（理屈が通っていて、または理に適っていて）確かにそうですね。

Dĩ nhiên rồi. 当然でしょう。もちろんでしょう。

②のような「合いの手」を上手に入れられるのは、それだけコミュニケーション力が高いということです。chết は「死ぬ」なので、直訳は「死んでしまった」ですが、「しまった〜！」のように使えます。

mất は「失くす」「失う」です。少し前に「（人が）亡くなる」の意味でも出てきました。「いやな目に遭う」を示す bị がついているので、「失くしてしまった」です。điện thoại「電話」も重要語。điện thoại di động「携帯電話」や điện thoại thông minh「スマートフォン」のような表現もありますが、いまや điện thoại といえばスマホが基本ですね。gọi は「呼ぶ」「電話をかける」です。

🔴hèn chi が「なるほど」「道理でね」を意味します。thảo nào と同様に、"Hèn chi." だけでも使えます。それから、🔴 "Thì ra là vậy."「なるほどね」も出番がありそうな表現です。mãi は動詞＋ mãi「ずっと〜しつづける」のかたちで使いましょう。

mà にはいろいろな意味と用法がありますが、ここでは逆接「なのに」です。

もっとつながる　　　　　　　　　　　　　　　Tr.083

> 🔵 Thế à?, 🔴 Vậy hả?　そうなの？そうなんだ？

これも「覚えたら絶対に便利」と折り紙つきのあいづちです。

もっとつながる　　　　　　　　　　　　　　　Tr.084

> 🔵Thật không?, 🔴 Thiệt không? まじっ!?
> Thì đó. でしょ〜！

親しい友達とカジュアルな会話を楽しみたいときに大活躍しそうですね。

③では đông「混んでいる」、lễ hội「祭り」や xe buýt「バス」という語にもなじんでおきましょう。また疑問文の文末に 🔵thế、🔴 vậy を置くと「〜の？」「〜なの？」という気持ちを表せます。

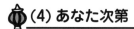 **(4) あなた次第**

気の合う友達とおしゃべりしながらの昼食は午後からの活力源になります。

① Tr.085

Linh: **Trưa nay Kyoko san thích ăn gì?**

今日の昼、京子さんは何を食べたい？

Kyoko: **Mì xào hay cơm rang. Còn Linh san?**

焼きそばかチャーハン。リンさんは？

Linh: **Tùy Hiroko san.**

京子さん次第だよ。

Kyoko: **Thế thì chúng ta đi ăn cơm rang đi.**

じゃあ、チャーハンを食べに行こう。

Kyoko: **Nam san ơi! Mình có xe hơi mới nè.**

ナムさ〜ん。私、新車があるのよ。

Nam: **Thích quá. Chúng ta có thể đi chơi Hakone, Nikko thoải mái!**

いいなあ。箱根も日光も自由に遊びに行けるね。

Kyoko: **Nam san muốn đi đâu thì tùy thích.**

ナムさんが行きたいところならどこでも、ナムさん次第で。

Nam: **Ôi, mình cám ơn Kyoko san nhiều.**

うわー。ありがとう、京子さん。

Kyoko: **Vậy thì ngày mai chúng ta đi chơi ở Hakone đi.**

じゃあ、明日箱根に遊びに行きましょう。

Nam: **OK! Ngày mai chúng ta gặp lại.**

オッケー。明日また会いましょう。

①は料理の名前が気になるところですが、ぐっと我慢して、まずは tùy ～を確認します。これは「～次第、～による」と、相手に決定させたり、選択させる表現です。**Tùy＋あなた**で「あなた次第」の意味になります。「あなたが決定してよい」と、相手に決定を委ねています。実際の会話では "Tùy." 「どちらでもいい」「あなた次第」「任せる」のように、ひとことだけでも使われています。

もっとつながる

"Tùy nơi tùy lúc." 時と場所にふさわしく。

ベトナム語も TPO に応じた使い分けを、ということですね。

　お待たせしました。お昼ごはんです。まずは、ăn trưa「お昼を食べる」を知っておいてください。これに đi「行く」を付けて đi ăn trưa「お昼を食べに行く」は、đi nhậu「飲みに行く」とともに、超重要で最頻出する表現のひとつです。

もっとつながる

ăn sáng 朝ごはんを食べる／ ăn tối 夕ごはんを食べる／
ăn vặt おやつを食べる

　ここでは、mì xào 焼きそば、🔵 cơm rang ／🔴 cơm chiên チャーハンの二品を紹介しておきます。mì は小麦粉でできた麺です。xào は「油で炒める」を意味します。cơm は「ごはん」でしたね。rang は「煎る」、🔵rán ／🔴chiên「油で揚げる」、などの調理方法の単語も知っておくと便利です。

　A hay B で「A か B か」の選択肢を示す hay も大切ですね。

もっとつながる

hấp 蒸す／ luộc 茹でる／ nấu 炊く／ nướng 焼く

hấp cá は「魚を蒸す」、cá hấp は「魚の蒸し物」。nướng thịt は「肉を焼く」、thịt nướng は「焼肉」。語順が変わると意味も変わります。

②では京子たちが遊びに行く相談をしているようです。㊇ xe hơi／㊐xe ô tô「自動車」を買ったのですね。しかも、mới「新しい」と言っているので新車。nè は「〜なんだよ」「〜だよ」の気持ちを示す語です。ナムが Thích quá!「いいなあ」と声を上げるのも当然でしょう。có thể は可能を表します。

もっとつながる

cũ 古い／ cổ 古い（歴史的に価値がある）／
lạc hậu 時代遅れの

thoải mái は「気分がよい、気持ちいい」とか「遠慮なく自由に」の意味です。友達に食事を誘われたときに "Ăn thoải mái nhé." 「遠慮なく食べてね」と言われるのは本当に気分がよいものです。

また、tùy thích「好きなように」「好きなだけ」にも親しんでおきましょう。例のように đi đâu「どこに行く」や ăn bao nhiêu「どれだけ食べる」などに続けて đi đâu tùy thích「どこにでも行く」、ăn bao nhiêu tùy thích「食べたいだけ食べる」と言えます。

gặp「会う」、lại「再び〜する」を知っておけば、gặp lại「再会する」「また会う」が見えてきますね。

131

🏮 (5) 祝う、祈る

大きな箱を抱えたリンの姿を見た京子が尋ねています。

① **Tr.087**

Kyoko: Linh san mua gì đấy?

リンさん、何を買ったの？

Linh: Mình mua bánh. Hôm nay là sinh nhật mình.

ケーキを買ったの。今日は私の誕生日だから。

Kyoko: Thế à? Chúc mừng sinh nhật, Linh san!

そうなの？お誕生日おめでとう、リンさん。

....

② **Tr.088**

Kyoko: Lâu rồi không gặp.

長い間、会わなかったね。

Nam: Mình rất vui được gặp lại.

再会できてとてもうれしいです。

Kyoko: Chúc sức khỏe!

健康を祈って乾杯。

....

Kyoko: **Mình mới mua vé số đấy.**

私は宝くじを買ったところですよ。

Nam: **Khi nào có kết quả?**

いつ結果が出ますか。

Kyoko: **Chủ nhật.**

日曜日。

Nam: **Chúc Kyoko san may mắn.**

京子さん、幸運を祈ります。

Kyoko: **Cảm ơn Nam san.**
Nếu trúng số thì chúng ta đi ăn sushi nha.

ナムさん、ありがとう。当たったら寿司を食べに行こうね。

Nam: **Hay quá!**

いいなあ！

133

①の bánh にはケーキ、餅などの意味があります。sinh nhật「誕生日」と合わせて、bánh sinh nhật となれば「誕生日ケーキ」ですね。

ベトナム語で「おめでとう」は chúc mừng です。こんなかたちで使います。

しっかりつながる

Chúc mừng ＋あなた　　おめでとう
Chúc mừng ＋祝う内容　〜おめでとう

たとえば、ベトナムのお正月 Tết「テト」は旧暦でお祝いします。Chúc mừng năm mới.「新年おめでとう」の声が飛び交います。lì xì「お年玉」入りの赤い封筒を用意して、ベトナム人の子どもたちを訪ねるととても喜ばれるでしょう。

もっとつながる Tr.090

Chúc mừng giáng sinh. クリスマスおめでとう。

せっかくですから、ベトナム人とのお付き合いの中で、忘れてはならない「お祝いする日」をいくつかご紹介します。

Chúc mừng ngày Quốc tế Phụ nữ!

国際女性の日おめでとう。（3月8日）

Chúc mừng ngày Quốc tế Thiếu nhi!

国際子どもの日おめでとう。（6月1日）

Chúc mừng ngày Phụ nữ Việt Nam!

ベトナム女性の日おめでとう。（10月20日）

ベトナムでは11月20日は「教師の日」です。もし、あなたがベトナム人の先生にベトナム語を習っているのでしたら、当日にはこ

のお祝いメッセージをお忘れなく。

　Chúc mừng ngày Nhà giáo Việt Nam!

　ベトナム教師の日おめでとう。

　②ではレストランのテーブルから、楽しそうな声が聞こえてきます。
lâu「長い間」を経て再会したふたりは"Chúc sức khỏe!"と
言って乾杯の音を響かせました。chúc は「祈る」の意味です。sức
khỏe「健康」と結びついて、これは「乾杯!」にもなります。いわ
ゆる飲み会での「乾杯」には"Một hai ba dzô!"「いち、に、さ
ん、行くぞ〜!」がありますが、フォーマルな場面やパーティーには
Chúc sức khỏe! が似合います。

　chúc を使った「祈ります」にはさまざまな表現があり、私たちの
コミュニケーションにも役立ちそうです。こちらも chúc mừng と
同様に、**Chúc＋祝いたい内容**のかたちです。

　なお、lâu の後にある rồi は動作や状態が完結したことを示します。
「長い時間が経ってしまった」の意味です。

　③も楽しそうな会話ですね。vé số は「宝くじ」です。ベトナム
は賭け事が盛んなお国柄です。kết quả は「結果」。ナムは京子に
may mắn「幸運」を祈っています。また、chủ nhật は「日曜日」
の意味です。trúng は「当たる」の意味。早く使いたいものです。
そして、仮定のことを述べるかたちにも親しんでおきましょう。

しっかりつながる

　Nếu A thì B.　もしAならば、B。

5. 東京でつながろう

🏮 (1) お手伝いしましょうか。

妙子が浅草を歩いていると、ベトナム語のような音が聞こえてきました。

①

Tr.091

Người Việt Nam: Ôi, Chu choa! おー、参ったな〜。

Taeko: **Bạn có cần giúp đỡ không?**
お手伝いしましょうか。

NVN: **Chu choa, có người biết nói tiếng Việt.**
Tôi bị lạc đường rồi.
びっくりしたな、ベトナム語を話せる人がいるなんて。
道に迷いました。

Taeko: **Thôi, được rồi. Bạn phải bình tĩnh.**
Bạn muốn đi đến đâu?
もうだいじょうぶです。落ち着きなさい。
どこに行きたいの？

NVN: **Tôi muốn đi đến ga Shibuya.**
渋谷駅に行きたいです。

Taeko: **Được rồi, Đi theo tôi.**
分かりました。私についてきて。

....

Taeko: Đây là ga Asakusa. Bạn đi tuyến Ginza. Bạn phải mua vé ở đây

ここは浅草駅です。銀座線に乗ります。
ここで切符を買わなければなりません。

NVN: Tôi có cần đưa hộ chiếu không?

パスポートを渡す必要がありますか。

Taeko: Dạ, không cần.

いいえ。必要ではありません。

NVN: Cám ơn bạn rất nhiều.

本当にありがとうございました。

Taeko: Dạ, không có gì.

いいえ、どういたしまして。

137

①はやっぱりベトナム人でしたね。"chu choa" は、チョイ・オーイなどと同様に、びっくりしたときや予想外の出来事に慌てたときに出る言葉です。

妙子が言った **cần** は「必要だ、必要な」を意味する語で、**giúp đỡ** は「助ける、手伝う」です。

しっかりつながる

主語＋ **cần** ＋〜．　〜が必要です。
否定は主語＋ **không cần** ＋〜．

ベトナム人の男性は **người biết nói tiếng Việt** がいるなんて、と驚いています。**người**「人」と先に言って、それがどんな「人」なのかを後から述べるのがベトナム語の語順です。**biết** は「知る、知っている」です。そして、学習や訓練の結果として「できる」を意味します。この場合、**biết＋動詞** で「〜することができる」を表すので、「ベトナム語を話せる人」になるのです。

lạc đường は「道に迷う」。これはよくない出来事ですね。ベトナム語では、話し手が「よくない」と判断した出来事には、動詞の前に **bị** をつけます。

もっとつながる

🔵**bị ốm**、🔴**bị bệnh** 病気になる／**bị cảm** 風邪をひく／**bị tai nạn** 事故に遭う／**bị cướp giật** ひったくりに遭う／**bị người yêu bỏ** 恋人にフラれる

慌てている男性を落ち着かせましょう。**Thôi được rồi.** は「もう結構です」「もう大丈夫です」など、さまざまなシーンで使える「も

ういいです」。口調やその場の雰囲気で、相手を安心させたり、こちらの怒りを伝えたりすることができる便利な表現です。

phải は「しなければならない」です。自分についても、相手についても言えます。

しっかりつながる

> 主語 + phải +〜．〜しなければならない。
> 否定は主語 + không phải +〜．〜しなくてもよい。

ここでは bình tĩnh「落ち着く、平常心でいる」を使って、「落ち着かなければならない」と言っています。なお、mất「失う」を前に置いて mất bình tĩnh なら「取り乱す、落ち着きを失う」の意味になります。đi theo 〜は「〜についていく」です。「私」を表す語が入れば「私についておいで」で、「あなた」を表す語があれば「あなたについていく」になります。ga は「駅」です。

②の mua「買う」や vé「切符」は知っておくと便利な語です。ở đây は「ここで」の意味です。男性の方は、切符を買うとき駅員に hộ chiếu「パスポート」を đưa「手渡す」必要があるかどうかを妙子に尋ねています。妙子は cần「必要だ」の否定文を用いて答えていますね。また、tuyến は「（電車やバスなどの）路線」を表す語です。

もっとつながる

bán 売る／ vé vào cửa 入場券／ vé máy bay 航空券／
vé một chiều 片道切符／ vé khứ hồi 往復切符／
vé xem ca nhạc 音楽ショーの入場券

妙子が言った Không có gì. は「どういたしまして」の意味です。

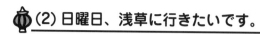

(2) 日曜日、浅草に行きたいです。

ベトナム人旅行者に人気スポットのひとつ、浅草についてリエンが尋ねています。

① Tr.093

Liên: **Chủ nhật này tôi muốn đi chơi ở Asakusa.**

次の日曜日、浅草に遊びに行きたいです。

Taeko: **Đi chơi ở Asakusa vui lắm.**

浅草に遊びに行くのはとっても楽しいよ。

Liên: **Từ đây đến Asakusa bao xa?**

ここから浅草までどのくらい距離がありますか。

Taeko: **Khoảng 10 cây.**
Liên san đi xe điện ngầm, mất khoảng 20 phút.

約10キロ。地下鉄に乗って、およそ20分です。

Taeko: Ở gần Asakusa có công viên Ueno.

浅草の近くには上野公園があります。

Liên: Ở đó có gì đặc biệt không?

そこには何か特別なものがありますか。

Taeko: Có. Hoa sen nở đẹp lắm.

あります。蓮の花がとってもきれいに咲いています。

Liên: Thế thì mình phải đi.

じゃあ行かなければ。

Taeko: Tại sao?

どうして？

Liên: Vì tên mình là Liên. Liên có nghĩa là sen mà.

私の名前はリエン。リエンは蓮という意味だから。

Taeko: Thế à?

そうなの？

①のリエンは **chủ nhật**「日曜日」の予定を話しています。**muốn** は「ほしい、〜したい」の意味です。**đi** ＋動詞で「〜しに行く」を表すことができます。ここでは、場所を表す語の前にある **ở**「〜で、〜にて」が大切です。この **ở** は「いる、ある」という存在を示す動詞で、さらに場所の「〜で」なども表せます。

しっかりつながる

> đi chơi ở 場所　〜に遊びに行く
> đi du lịch 場所　〜を旅行する

　さて、リエンは浅草までの距離や時間を尋ねています。**từ A đến B** は時間や空間の「A から B まで」を表します。ふたりの会話では A が **đây**「ここ」になっています。そして、**bao xa**「どのくらい遠く」で距離を尋ねるのにもなじんでおきましょう。**bao** で始まる疑問のかたちは、これまでにいくつも見てきました。

しっかりつながる

> bao giờ「いつ」／ bao lâu「（時間の長さについて）どれだけ長く、どれくらいの期間」／ bao nhiêu「（量について）どれだけ、いくら」

　cây は長さの単位キロメートルで、ほかに **cây số, kilômét** という語もあります。メートルなら **mét** と言います。**xe điện ngầm** は「地下鉄」の意味です。ベトナムの大都市を走る高架鉄道や地下鉄は **metro** と呼ばれることが多いです。**mất** は先ほど出た「失う」の意味と合わせて、「（時間やコストが）かかる」の使い方も知っておくとよいでしょう。**khoảng** は「約、およそ」です。

②では妙子がはリエンにほかの立ち寄り先をアドバイスしている
ようです。**gần**「近い」は反意語の **xa**「遠い」とペアで覚えておき
たいですね。**công viên** は「公園」です。

しっかりつながる

ở 場所＋ **có** モノ　〜には…がある

リエンは一歩踏み込んで、**đặc biệt**「特別な、スペシャルな」と
いう語を使って「何か特別なものがありますか」と尋ねています。
hoa「花」と **sen**「蓮」の語順がベトナム語では逆になっているの
に気が付きましたか。**nở** は「花が咲く」の意味です。

リエンは「蓮がきれいに咲いている」と聞き、ちょっと興奮して
いますね。**thế thì**「それなら、それじゃあ」は南部では🅢**vậy thì**
と言うことが多いです。

nghĩa は「意味」「意味する」の意味です。リエンは自分の名前の
意味が蓮なので、ぜひ見に行こうと決めたのでした。文末の **mà** は「だ
よ」「だね」のような働きをする語です。

最後に、この **nghĩa** を使った表現のかたちを確認しておきます。

しっかりつながる

〜 **có nghĩa là gì?** 〜は何の意味ですか。
vô nghĩa 無意味だ、意味がない

 **(3) 明日は雨みたいです。**

天気予報のサイトを見ながら、妙子はナムやリンに話しかけています。

① `Tr.095`

Taeko: **Hôm nay Nam có đi đâu không?**

今日、ナムはどこかへ行きますか。

Nam: **Mình định đi Ginza uống cà phê.**

銀座に行って、コーヒーを飲むつもりです。

Taeko: **Chiều nay trời mưa. Nam nên mang theo dù.**

午後、天気は雨です。ナムは傘を持っていく方がいいです。

....

② `Tr.096`

Taeko: **Ngày mai chúng ta đi biển chơi đi.**

明日、海に遊びに行こう。

Linh: **Hay quá! Ngày mai trời thế nào?**

いいなあ。明日の天気はどうだろう。

Taeko: **Ngày mai trời nắng.**
Chúng ta nên mang theo kem chống nắng.

明日は晴れです。日焼け止めクリームを持って
いかなければなりません。

Linh: **Ừ, mình biết rồi.**

うん、そうだね。

....

144

③

Taeko: Nhật Bản có 4 mùa.
Còn Việt Nam có mấy mùa?
日本には四季があります。
ベトナムは季節がいくつありますか。

Liên: Ở miền Bắc cũng có 4 mùa như Nhật Bản.
北部は、日本のように四季があります。

Nam: Còn ở miền Nam có 2 mùa.
Mùa mưa và mùa khô.
南部は２シーズンです。雨季と乾季です。

Taeko: Mùa đông ở Nhật Bản lạnh và khô.
日本の冬は寒くて乾燥している。

Liên: Mùa lạnh mình hay bị khô môi.
寒い季節に私は唇が乾燥してしまう。

Taeko: Các bạn có son dưỡng môi không?
リップバームは持っていますか。

Liên: Có chứ.
もちろん持っています。

Nam: Mình thoa son dưỡng môi trước khi đi ngủ.
私は寝る前にリップバームを塗ります。

まずは①の **hôm nay**「今日」。会話文、書き言葉のどちらでも、文のはじめに置くことが多いです。一緒に昨日や明日の言い方も見ておきましょう。

もっとつながる

> **hôm qua** 昨日／ **hôm nay** 今日／ **ngày mai** 明日

　そして、**Đi đâu?**「どこに行く？」と **Có đi đâu không?**「どこかに行く？」の違いに気づいてほしいですね。ここでは後者です。妙子はナムに出かけるかどうかを尋ねています。**Ăn gì?**「何食べる？」と **Có ăn gì không?**「何か食べる？」なども同じです。

　次の **định** は意思を示す語です。語の並べ方を見ておきましょう。

しっかりつながる

> 主語＋ **định** ＋動詞〜　　〜するつもりだ

　天気を聞くには **Hôm nay trời thế nào?**「今日、天気はどうですか」が定番です。**trời** は「チョイ・オーイ」で見た「天」「神」です。**trời** の後ろにさまざまな語をつなげて、天気を表現します。

もっとつながる

> **dự báo thời tiết** 天気予報／ **bão** 台風、嵐／
> **tuyết** 雪、雪が降る／ **nắng** 日差しが強い、晴れ

　妙子はナムに 🈲 **dù** ／ 🈘 **ô**「傘」を持っていくようにアドバイスしています。**mang theo** は「身に着ける」「携行する」の意味です。
　②の **kem chống nắng** は「日焼け止めクリーム」。**biển**「海」

に遊びに行くときのの必需品です。

しっかりつながる

主語＋ **nên** ＋動詞〜　〜した方がいい、〜すべきだ

③を見ましょう。ベトナムでは、市民の足はバイクです。雨の日には傘を差すのではなく雨合羽 áo mưa を着る方が一般的で、**mặc áo mưa**「雨合羽を着る」と言います。**mùa** は「季節」です。数量を表すときは数詞を先に置くので、四季は **bốn mùa** となります。

もっとつながる

mùa xuân 春／ mùa hè 夏／ mùa thu 秋／ mùa đông 冬

　南国のイメージが強いベトナムですが、北部には日本のように四季があります。この「ように」や「ような」に当たるのが **như** です。語順に気を付けて使いましょう。一方、南部は四季ならぬ二季。**mùa**「季節」と **mưa**「雨」がつながった **mùa mưa** は「雨季」です。**khô** は「乾燥している」「乾いている」なので **mùa khô** なら「乾季」ですね。

もっとつながる

lạnh 寒い、冷たい／ nóng 暑い、熱い

　さて、ベトナム人には日本の冬の寒さが格別に厳しいようです。**môi** は「唇」です。確かに **son dưỡng môi**「リップバーム」は欠かせませんね。薬やクリームを「塗る」のは **thoa** または **bôi** と言います。**hay** は動詞の前で「よく〜する」と頻度の高さを示す語です。

しっかりつながる

trước khi ＋動詞 〜　〜する前に

ナムは đi ngủ「寝る、就寝する」前にする行動を話したのですね。

🏮 (4) 電車で秋葉原に来ました。

外国人旅行者にも、在日外国人にも人気がある秋葉原。駅前でロン、キムと待ち合わせした京子は無事にふたりと会えました。

① Tr.098

Taeko: Long đến đây bằng gì?

ロンはここまで何で来ましたか。

Long: Bằng xe điện, tuyến Yamanote.
À, gần đây có cửa hàng miễn thuế không?

電車で、山手線。
そういえば、この近くに免税店はありますか。

Taeko: Để mình hỏi chị Google nha.

グーグル先生に聞いてみるね。

....

② Tr.099

Taeko: Long liên lạc với gia đình bằng gì?

ロンは何で家族と連絡を取っているの？

Long: Bằng messenger.

メッセンジャーで。

Taeko: Người Nhật thường gọi nhau bằng line.

日本人はだいたいラインで取り合っている。

....

Kim: Trưa nay chúng ta đi ăn sushi băng chuyền nhé.

今日の昼は一緒に回転寿司に行きましょうね。

Long: Thích quá. Vừa ngon vừa rẻ.

やったー。おいしいし、安い。

Taeko: Mình sẽ bao.

私がおごってあげる。

Kim: Ôi cha! Cảm ơn Taeko san nha!

え〜！妙子さん、ありがとうね。

Long: Khi ăn sushi mình có phải ăn bằng tay không?

寿司を食べるとき、手で食べなければならないの？

Taeko: Tùy Long. Mình thường ăn bằng đũa.

ロンのお好きに。私はたいてい箸で食べます。

①の **đến** は「到着する」「達する」を意味するので、**đến đây** は「ここに来る」です。**bằng** に注目してください。手段や道具を示す「で」に当たる語です。妙子は、ロンたちに秋葉原までの交通手段を尋ねています。

ロンも **bằng** を用いて、**xe điện**「電車」で来たと答えています。さらに、**tuyến**「(電車やバスなどの)路線」Yamanote と続けます。

さて、ロンがつぶやくように発した **à** は、ふと思い出したことを述べるときや物事に納得したときにも使う語です。

もっとつながる

> **À, mình hiểu rồi.** うん、分かりました。

cửa hàng「商店」、**miễn thuế**「免税」という語が並んでいますから、ロンは免税店について言おうとしています。**miễn** は「免じる、免除する」で、**thuế** は「税金」です。

もっとつながる

> **đóng thuế** 税金を納める／ **thuế tiêu dùng** 消費税／
> **thuế thị dân** 市民税／ **thuế thu nhập** 所得税

しっかりつながる

> **Gần đây có ~ không?** この近くに〜はありますか。

để mình で始まる便利な文には **Để mình xem.**「ちょっと見せて」「ちょっと待って」があります。ここでは **hỏi chị Google**「グーグル先生に尋ねる」という表現を使っています。**chị** は「姉」ですから、ベトナム語では「グーグル姉さん」と呼ぶわけですね。なんとなく新鮮な感じがします。

②ではふたりが liên lạc「連絡する」方法について話しています。với「と（一緒に）」や bằng「（手段の）で」など、見慣れた語が出てきましたね。gọi は「呼ぶ、電話をかける」です。

③では３人は仲良く昼食の相談をしています。sushi は「寿司」、そして băng chuyền「ベルトコンベア」とありますから、「回転寿司」を示す表現です。chúng ta は聞き手を含めた「私たち」「我々」です。聞き手に何かの動きを働きかけるとき、一緒に行動しようと呼びかけるときに使います。

しっかりつながる

> vừa A vừa B　A であり、かつ B でもある

ngon「おいしい」、rẻ「安い」はともに重要語です。そして、bao は「飲食費や遊ぶお金をおごる」の意味でしたね。

ăn bằng tay「手で食べる」や ăn bằng đũa「箸で食べる」のほかに、dùng đũa「箸を使う」という表現もあります。

もっとつながる

> 北 thìa、南 muỗng スプーン／ nĩa フォーク／ dao ナイフ

みんなでおいしく食べてほしいですね。そこで、こんなひとことも。

もっとつながる　　　　　　　　　　　　　　Tr.101

> Chúc ăn ngon miệng!
> おいしく食べますように。召し上がれ。

miệng　口（くち）という語が見えます。ご「口」福をお祈りします、でしょうか。

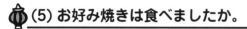

(5) お好み焼きは食べましたか。

日本人に人気のバインセオ。ガイドブックにはベトナム風お好み焼き
と書かれています。だったら、ベトナム人はお好み焼きが好きなので
は？と考えた妙子はナムに聞いてみます。

① Tr.102

Taeko: **Nam đã ăn okonomiyaki chưa?**

ナムはもうお好み焼きを食べましたか。

Nam: **Dạ, chưa. Nó là món ăn như thế nào?**

まだです。どんな料理ですか。

Taeko: **Hơi giống bánh xèo Việt Nam.**

ベトナムのバインセオに少し似ています。

Nam: **Okonomiyaki là đặc sản ở vùng nào?**

お好み焼きはどこの名物ですか。

Taeko: **Nó là đặc sản Osaka và Hiroshima. Nhưng
phong cách Osaka và Hiroshima khác nhau.**

大阪と広島の名物です。でも、大阪と広島はスタイルが
違うのです。

② Tr.103

Long: **Mình chưa biết sake và shochu khác nhau
như thế nào.**

私は酒と焼酎がどのように違うのかが分かりません。

152

Kim: Mình thì chưa biết chọn sake ngon.

私はおいしい酒の選びかたが分かりません。

Taeko: Mình cũng không rành lắm.
Các bạn nên hỏi ông Tahara.

私もあまり詳しくないんです。田原さんに聞くべきです。

....

③ Tr.104

Kim: Tôi thì thích uống trà, còn Long thì thích uống cà phê.

私はお茶を飲むのが好きで、一方でロンはコーヒーを飲むのが好きです。

Long: Còn Taeko thích uống gì?

で、妙子は何を飲むのが好きですか。

Taeko: Mình thích uống matcha.

私は抹茶が好きです。

Kim: Thế à? Taeko có biết pha matcha không?

そうなんだ。妙子は抹茶を点てられますか。

Taeko: Biết chứ.

もちろん。

①では経験を尋ねるのに便利なかたちを見てみます。これで「もう朝ごはんを食べましたか」のような動作の完了も質問できるので便利な表現です。

しっかりつながる

主語＋ đã ＋動詞〜＋ chưa?　もう〜しましたか。

　答えは、「はい」なら Rồi.、「まだ」は Chưa. です。もちろん文で答えることもできます。念のため、再確認しておきます。

しっかりつながる

主語＋ đã ＋ 動詞〜＋ rồi.　もう〜しました。
主語＋ chưa ＋ 動詞〜 .　　まだ〜していない。

　món ăn は「料理」です。Nhật Bản「日本」を後ろにおいて món ăn Nhật Bản とあれば日本料理ということ。ベトナムでは日本料理も人気があります。文頭の nó は事物を指す語で「それ」の意味です。

　妙子はお好み焼きがバインセオに hơi「ちょっと」giống「似ている」と説明します。

もっとつながる

giống　似ている、似る／ khác 異なる

　đặc sản は「名物」「特産」の意味でしたね。phong cách は「スタイル」「風格」です。大阪、広島のスタイルの違いはみなさんご存じのとおりです。ここでは、nhau「互いに」の表現を少し見ておき

ます。「A と B が似ている」は **A và B giống nhau.** です。A は B に似ているし、B は A に似ている、つまり相互に似ているわけですから、**nhau** を使う、という理屈です。また、逆説の「でも、しかし」を表す **nhưng** も便利な語ですね。

　②ですが逆に、「A と B は似ていない」なら妙子が言っているように **A và B khác nhau.** とします。ところで、左党のロンには前から気になっていたことがあるようです。**chọn** は「選ぶ」「選択する」の意味です。

もっとつながる　　　　　　　　　　　　　　Tr.105

　Bạn chọn cái nào?　あなたはどっちを選びますか。

　ngon「おいしい」は、もう使えますね。食べもの、飲みもののほかに、**Chúc ngủ ngon.**「おやすみなさい」にも登場します。

　thì は話題を「取り立てる」働きがある語です。ロンは酒と焼酎の違いが分からないと言っています。そこで、キムは「私は、といえば」とか「で、私の方は」、おいしい酒の選びかたを知らない、と会話を続けます。**còn**「一方で」との相性もいいですね。**rành** は「熟知している」「詳しく知っている」の意味です。**nên** ＋動詞で「〜すべきだ」も便利な表現です。また、**hỏi**「尋ねる」も重要語のひとつです。

しっかりつながる

　A thì 〜 , còn B thì 〜 .　　A は〜で、一方で B は〜です。

　③では **pha**「お茶やコーヒーをいれる」「調合する」という語が出てきました。日常生活で使えそうな語ですね。ベトナム人は抹茶を **matcha** と書くのが一般的です。**trà** は「お茶」です。

6. ハノイでつながろう

（1）ハノイの友達を紹介します。

弥生がベトナムに行くらしい、と聞いたリエンはさっそく本人に確認してみることにしました。

① `Tr.106`

Liên: **Nghe nói hè này Yayoi sẽ đi Việt Nam.**
この夏、弥生はベトナムに行くらしいね。

Yayoi: **Ừ. Mình sẽ đi du lịch ở Việt Nam.**
うん。ベトナムに旅行に行ってきます。

Liên: **Yayoi đi với ai?**
弥生は誰と行きますか。

Yayoi: **Đi với bạn.**
友達と行きます。

Liên: **Yayoi định đi bao lâu?**
弥生はどれくらい行くつもりですか。

Yayoi: **Đi 1 tuần.**
1週間。

....

Liên: **Mình có bạn ở Hà Nội.**
Mình sẽ giới thiệu cho Yayoi.

私はハノイに友達がいます。弥生に紹介します。

Yayoi: **Thật không?**

ホント？

Liên: **Bạn ấy tên là Bình, sinh ra và lớn lên ở Hà Nội.**
Đây là số điện thoại và địa chỉ email của Bình.

その人の名前はビン。ハノイで生まれて、ハノイで大きくなりました。これがビンの電話番号とメアドです。

Yayoi: **Cảm ơn Liên nhiều.**

リエン、ありがとう。

Liên: **Bình sẽ hướng dẫn đi chơi ở Hà Nội.**

ビンはハノイめぐりを案内してくれます。

Yayoi: **Tốt quá. Mình sẽ liên lạc với Bình.**

いいなあ。ビンに連絡取ってみます。

①ですが、他人からの伝聞を話すときに nghe nói「〜らしい」で切り出すとスムーズです。nghe は「聞く」、nói は「話す」ですから、もともとは**私 nghe 誰か nói** なのです。誰が言ったのかをはっきりさせたいときには、「誰か」の部分を具体的にすればいいのです。たとえば、「ロンから聞いたんだけど」ならば nghe Long nói です。

hè は「夏」ですから、hè này なら「この夏」の意味です。

du lịch は「旅行する」です。「観光する」tham quan も覚えておくといいでしょう。

もっとつながる

công ty du lịch 旅行会社／ đi du lịch balô バックパック旅行する／ đi du lịch nước ngoài 外国旅行に行く

リエンは đi với ai? と尋ねます。với は「〜と一緒に」で、ai は疑問詞「誰」です。つまり、これは「誰と一緒に行く」のかを聞いているわけです。弥生は「友達と行く」と答えています。ここで疑問詞も再確認しておきますね。

しっかりつながる

khi nào いつ／ đâu どこ／ ai 誰／ gì 何／
tại sao, vì sao なぜ

tuần は「週」を意味する語です。

②ではリエンは弥生に友達を紹介しています。現地に知人がいるのは心強いものですね。

ここでは giới thiệu「紹介する」の使い方を見てみます。まずは、

giới thiệu＋モノのかたち、たとえば Tôi giới thiệu tác phẩm mới.「新作を紹介します」ですね。tác phẩm は文学や芸術分野の「作品」です。これを sản phẩm「製品」に入れ替えれば、新製品紹介の定番フレーズの出来上がりです。

しっかりつながる

> A さんを B さんに引き合わせる
> giới thiệu A cho B

"Thật không?" は「ホント？　マジで？」です。さて、sinh は「産む」、sinh ra は「生まれる」で、lớn lên は「成長する」「大きくなる」の意味です。ビンは「ハノイっ子」です。ちなみに、người Hà Nội gốc「生粋のハノイ人」は3代続けてハノイ生まれハノイ育ちでなければならないので、今日ではなかなかお目にかかれません。

số は「番号」の意味で、số điện thoại は「電話番号」です。địa chỉ は「住所」です。ここでは địa chỉ email となっていますから、「メールアドレス」を表しています。そうそう、＠「アットマーク」はベトナム語で a còng、「ドット」は chấm と呼びます。

hướng dẫn は「案内する」「導く」を意味する語です。学校内で使うときは「指導する」という意味にもなります。đi chơi「遊びに行く」はぜひとも使えるようになりたいですね。

もっとつながる

hướng dẫn viên ガイド

tốt は「いい」の意味です。liên lạc は「連絡する」でしたね。同じ意味で liên hệ もよく使われる語です。

🏮 (2) メトロポールまでお願いします。

弥生を乗せた飛行機はハノイ郊外のノイバイ空港に着陸しました。荷物を受け取って、タクシー乗り場に向かいます。

① Tr.108

Tài xế: **Chào chị. Chị đi đâu ạ?**

こんにちは。どこに行きますか。

Yayoi: **Anh cho tôi đến khách sạn Metropole.**

メトロポールホテルまでお願いします。

TX: **Dạ. 50 đô.**

はい。50ドルです。

Yayoi: **Ôi giời ơi! Tôi biết giá rồi.**
Anh bật đồng hồ đi.

オイ・ゾイ・オーイ！ 私は値段を知っています。
メーターをオンして。

Lễ tân: **Xin chào chị.**
Xin cho tôi xem hộ chiếu và thẻ tín dụng.
こんにちは。
パスポートとクレジットカードをお見せください。

Yayoi: **Anh chờ một chút.**
ちょっと待ってください。

Nhân viên: **Tôi sẽ mang vali cho chị.**
スーツケースをお持ちします。

Yayoi: **Cảm ơn anh.**
À, anh cho tôi đổi tiền được không?
ありがとう。あの、両替してもらえますか。

LT: **Vâng, được ạ. Chị đổi bao nhiêu tiền?**
はい、できます。いくら替えますか。

Yayoi: **300 đô la.**
300 ドルです。

LT: **Vâng. Xin chị chờ một chút.**
はい。ちょっとお待ちください。

①でいきなりぼったくりタクシーの「洗礼」を受けてしまった弥生ですが、冷静に行先を指示します。「〜までお願いします」をマスターしておきましょう。はじめの **Anh** は **tài xế**「運転手」に対して「あなた」の意味で使っています。運転手が女性の場合には **chị** や **cô** を用います。

　私たちが旅行する都市部には **khách sạn**「ホテル」があります。「ホテルに行く」は **đến khách sạn** と言います。**về**「帰る」を使って **về khách sạn**「ホテルに帰る」と言うと、なんとなく旅慣れている感じがします。

　メコンデルタなどの観光地には **khu du lịch** と呼ばれる「リゾート施設」「観光スポット」もたくさんあります。今は **khu du lịch sinh thái**「エコツーリズム施設」が流行しています。なお、**sinh thái** は「生態」「エコシステム」の意味です。

　dạ は礼儀正しい返事です。

　đô とか **đô la** というのは「（アメリカ）ドル」です。日本円はそのまま **yen** で通じます。**giá** は「値段」「価格」です。「ちゃんと正しい値段を知っているんだからね」と睨みを利かせています。**đồng hồ** は「時計」「メーター」などを意味します。**bật** は「スイッチを入れる」「オンにする」です。

もっとつながる

> **bật đèn** 電灯を点ける／ **tắt đèn** 消灯する／
> **bật máy lạnh** クーラーをつける／ **tắt bếp** 台所の火を消す

　②はホテルに到着した弥生がフロントでチェックインの手続きをしています。**lễ tân**「フロントスタッフ、受付係」は **xin** を文の始めに付けて丁寧に話しかけてきます。

cho は、辞書を引くと真っ先に出てくる訳語は「あげる、与える」です。それから、他人に「させてあげる」。cho xem は「見せてあげる」で、**Xin cho 私 xem ～ .** は「私に～を見せてください」をいっそう丁寧に依頼する表現になるわけですね。

しっかりつながる

cho ＋私 ＋動詞～　私に～させてください

hộ chiếu 「パスポート」、thẻ tín dụng 「クレジットカード」は旅の必需品でしょう。

"chờ một chút" は「ちょっと待ってください」。chờ が「待つ」で、một chút は「ちょっと、少し」です。

続いて、nhân viên「スタッフ」が声をかけてきました。mang は「持つ」です。vali は「スーツケース」を意味します。ここでも cho が登場。動作の対象や到達点を示す役目もあるのです。「あなたのために」スーツケースをお持ちしましょう、ということです。

もっとつながる

mang ba lô リュックサックを背負う／mang giày 靴を履く／mang thai 妊娠する

đổi 「取り替える」と tiền 「お金」の組み合わせは「両替する」です。

🏮 (3) おいしいフォーが食べたくて。

ハノイで真っ先に食べたいものと言えば…、それはフォーですね。でもどこで食べたらいいのでしょうか。

① Tr.110

Yayoi: **Bình làm ơn cho mình hỏi, nếu muốn ăn phở ngon thì mình nên đi quán nào?**

ビン、ちょっと教えて。おいしいフォーを食べたいなら、どのお店に行くべきなのでしょうか。

Bình: **Yayoi thích ăn phở bò hay phở gà?**

弥生は牛肉入りフォーを食べたい、それとも鶏肉入りを？

Yayoi: **Mình thích ăn phở bò hơn.**

私は牛肉入りフォーの方が食べたい。

Bình: **Theo mình, bạn nên đi quán Phở Thìn.**

ティン・フォー屋に行くべきだと思う。

Yayoi: **Mình nên đi vào buổi sáng hay buổi tối?**

朝に行くべきでしょうか、それとも夜に？

Bình: **Yayoi nên đi vào buổi sáng.**

弥生は朝に行くべきです。

Bình: **Yayoi đã ăn bún chả chưa?**

弥生はもうブンチャーを食べましたか。

Yayoi: **Chưa.**

まだです。

Bình: **Theo mình, nếu bạn đã đến Hà Nội thì nên đi ăn thử bún chả.**

ハノイに来たならブンチャーを試しに食べに行くべきだと思う。

Yayoi: **Nếu không ăn thì sao?**

もし食べなければどうなの？

Bình: **Thì xem như là chưa đến Hà Nội.**

それはハノイに来ていないのと同じ。

Yayoi: **Thế thì chúng ta đi ăn nhé.**

じゃあ、一緒に食べに行こうよ。

Bình: **OK, bây giờ chúng ta đi.**

オッケー。今行こう！

165

①を見てください。ベトナムに来たらフォー、北部発祥のベトナムを代表する麺料理。**làm ơn** はお願いごとをするための丁寧な表現です。これを使って、おいしいフォー屋を尋ねます。**hỏi** が「尋ねる」を意味する語です。

しっかりつながる

> あなた＋ **làm ơn cho** 私＋ 動詞〜
> 私に〜させてください

quán は **quán cà phê**「喫茶店」、**quán ăn**「食堂」などの飲食店を表す語です。おいしいフォー屋に出会うための質問はこのパターンを用います。もし覚えていなければ、次も要チェック。

しっかりつながる

> **Nếu A thì B.**　もし A ならば、B。

ここでは A が「おいしいフォーを食べたい」で、B は「どのお店に行くべきか」です。次の hay は **A hay B** で「A か、それとも B か」を表します。ここでは **bò**「牛」なのか **gà**「鶏」を尋ねています。弥生は「より〜だ」「一層〜だ」の hơn を使って答えています。ここでは、**thích モノ hơn** の語順が大切です。

しっかりつながる

> 主語＋ **thích** モノ[1] **hơn** モノ[2]　モノ[2]よりもモノ[1]が好きだ

この文ではモノ[2]（**gà**）を省いて答えています。
theo は「従う」という動詞です。この例のように、**theo tôi**「私

166

の考えでは」、**theo tác giả**「作者の考えでは」と使うこともあり、意見や考えを述べるときに便利です。

②の会話もおいしそう。ハノイ名物の麺料理といえば、炭火で焼いた肉や肉団子と米麺のブンを甘酸っぱいタレで食べる「つけ麺」です。**đã 動詞～ chưa?** は「もう～しましたか」を尋ねるかたちでした。ビンは **nên**「すべき」、**ăn**「食べる」、**thử**「試す」で「試しに食べてみるべき」とブンチャー推しです。

しっかりつながる

> 動詞＋ **thử** または **thử** ＋動詞　試しに～する

もっとつながる

> **mặc thử** 試着する／ **viết thử** 試し書きする／
> **thử máu** 血液を検査する

弥生もすっかり **nếu A thì B** の達人になったので、A の部分を「もし食べなければ」として、B には **sao**「どうして」「どうする」を入れて、逆質問してみました。

xem は「見る」で、**như** は「～のように」「～のごとく」なので、**xem như là ～**あるいは 🇻🇳**coi như là ～**のかたちで「～のように見える」「～と同じ」になりますね。

ブンチャー屋は、店先に炭火を置いて肉や肉団子を焼きます。香ばしい煙が路上に広がり、ハノイっ子の鼻腔と空腹を刺激するのです。空腹時に素通りするのは相当な覚悟が必要でしょう。

bây giờ「今、現在」とありますから、すぐに出かけていく様子が目に浮かびますね。

(4) 旧市街を散歩しよう。

おいしいハノイ料理でおなかがいっぱいになったら、今度は散歩です。ハノイの中心部には **Hồ Hoàn Kiếm**「ホアンキエム湖」が水をたたえ、湖畔には観光スポットがたくさんあります。

① Tr.112

Bình: **Yayoi có biết 36 phố phường không?**

弥生は「ハノイ 36 通り」を知っていますか。

Yayoi: **Mình có nghe.**
Người ta gọi là phố cổ Hà Nội, phải không?

聞いたことがあります。

人々はハノイ旧市街と呼んでいますよね。

Bình: **Ừ. Đến thăm phố cổ Yayoi sẽ thấy được văn hóa, xã hội và con người Hà Nội xưa.**

うん。旧市街に行けば、弥生は昔のハノイの文化、社会、人々を感じることができます。

② Tr.113

Bình: Yayoi có muốn mua gì không?

弥生は何か買いたいですか。

Yayoi: Mình muốn mua quà cho bạn.
Anh có biết nơi bán đồ mỹ nghệ ở đâu không?

友達にお土産を買いたい。美術工芸品を売っている場所
がどこにあるか知っていますか。

Bình: Ở bờ hồ có nhiều cửa hàng bán đồ mỹ nghệ.

湖畔に美術工芸品店がたくさんあります。

---

③ Tr.114

Bình: Yayoi thấy phố cổ như thế nào?

弥生は旧市街をどう思いますか。

Yayoi: Mình thấy ở phố cổ có nhiều chỗ ăn ảnh lắm.

旧市街には「映え」スポットがたくさんあると思います。

Bình: À, phố cổ cũng có nhiều quán ăn ngon.

そうだ、旧市街にはおいしいお店もたくさんあります。

①ですが phố phường は「道路」「みち」です。phố には「通り」の意味があり、ハノイ中心部では phố Hàng Bạc「銀製品通り」、phố Hàng Chiếu「ゴザ通り」などの地名を目にすることができます。cổ は「歴史的な」「古い」を意味する語で、xưa は「昔」とか「昔の」という意味です。phố cổ は「古い街並み」とか「旧市街」ですね。

弥生は có nghe「聞いたことがある」「耳にした」という表現を上手に使っています。また、ビンの会話に出てくる thăm は「訪れる」「訪問する」の意味です。

もっとつながる

> thăm bạn 友達を訪ねる
> thăm bệnh nhân 病人を見舞う

「ハノイ36通り」は古き良きハノイを今に伝える場所。văn hóa「文化」、xã hội「社会」、そして con người「ひと」「人々」の様子を見ることができます。

なお、「新しくない」ほうの、単に「古い」は cũ という語を使って、区別します。xe máy cũ は「古いバイク」「中古バイク」で、đồ cổ は直訳すれば「古いもの」で、意味としては「骨董品」です。こちらは、古さに価値があるからです。

②ですが旅行の楽しみといえば、おいしいものを食べることと、お買いものです。ビンの尋ね方に注目してください。ビンは「何が買いたいのか」ではなく、「何か買いたいものがある？」と尋ねています。ショッピングに行きたいのかどうかを聞いているのですね。もし、Yayoi muốn mua gì? だったら、「弥生は何が買いたいのですか」になります。このような違いも意識するようになれば、ベト

ナム語のコミュニケーション力も大したもの。

もっとつながる

> bán 売る／ mua 買う／ cho あげる／
> tặng 贈る、プレゼントする

　cửa hàng は「店」や「商店」、quà は「お土産」「プレゼント」
の意味です。đồ mỹ nghệ は「美術工芸品」を意味します。そもそ
も đồ は一語で「物」「モノ」を表します。

もっとつながる

> đồ lưu niệm 記念品／ đồ gỗ 木工品

　弥生は**あなた＋có biết ～ không?** のかたちで、「知っています
か」と尋ねます。この「～」の部分を見ると、nơi bán đồ mỹ nghệ「美
術工芸品を売っている場所」が ở đâu「どこにあるか」とあります。
だから、この文は「美術工芸品を売っている場所がどこにあるかを
知っている？」の意味になるのです。
　bờ は「畔」や「岸辺」の意味です。
　chỗ「場所」「スポット」に続く ăn ảnh にご注目。「写真を食べる」
ではなく、「写真映えする」の意味で、早い話が「映え」のこと。カ
メラ大好きな弥生は大喜びでしょう。

もっとつながる

> bờ sông 河畔／ bờ biển　海辺、岸辺

🏮 (5) ちょっとまけてくださいよ。

> ベトナムの旅行ガイドサイトを見ると、お買いものに値段交渉は必須
> と書いてあります。定価が明示されている店も多いのですが、まずは
> 定石を踏んでみましょうか。

① Tr.115

Yayoi: **Chị ơi! Cái này bao nhiêu tiền?**

ねえ、これはいくらですか。

Nhân viên: **Một trăm nghìn.**

10万ドン。

Yayoi: **Đắt quá! Năm mươi nghìn được không?**

高いな。5万ドンでいいですか。

NV: **Không. Tôi không nói thách đâu!**

ダメです。ふっかけていませんから。

Yayoi: **Bớt đi, chị ơi!**

まけてよ～。

NV: **Không bớt được đâu!**

まけられません。

Yayoi: **Mua hai cái một trăm nghìn được không?**

ふたつで 10 万ドンでいいですか。

NV: **Ôi giời ơi! Chị mặc cả hay thế?**
Hai cái một trăm sáu mươi nghìn.

オイ・ゾイ・オーイ。値切りが上手ねえ。ふたつで 16 万ドン。

Yayoi: **Một trăm rưỡi được không?**

15 万ドンでいいですか。

NV: **Thôi, được rồi.**

もういいですよ。

Yayoi: **Tôi trả tiền bằng thẻ tín dụng được không?**

クレジットカードで支払えますか。

NV: **Vâng, được ạ.**

はい、可能です。

173

①を見てみると、値段を尋ねるのには Bao nhiêu tiền? が一番便利な表現です。bao nhiêu は数量を尋ねる語。tiền「お金」が続くので、「どのくらいのお金？」という表現が出来上がりです。

ここで気になるのが cái này。cái や con はベトナム語で「無生物」と「生物」をざっくりと区別する語でしたね。「無生物」に付くのが cái です。海鮮レストランで新鮮なロブスターや蟹などの値段を聞くなら、「生物」の con を使います。

しっかりつながる

> Con này bao nhiêu tiền?　これはいくらですか。
> Một ký bao nhiêu tiền?　　１キロいくらですか。

そして、数詞。ベトナムでグルメやショッピングを楽しむためには、大きな数字に慣れておくといいでしょう。10万ドンだと聞いて、弥生は真っ先に Đắt quá! と言いました。🔵 đắt ／ 🔴 mắc は「（値段が）高い」で、quá は「とっても」を表します。

もっとつながる

> rẻ 安い
> 値段交渉には必要ないかもしれませんが、念のために。

定石どおりに半額を提示した弥生に店員はムッとしながら返答しています。nói thách「値段をふっかけて言う」を **không ～ đâu!**「決して～でない」という強い否定のかたちを使ってきました。ここが踏ん張りどころです。冷静に進めましょう。bớt は「（値段を）まける」の意味です。

もっとつながる

> chặt chém ぼったくる
> 🔵 mặc cả, 🔴 trả giá 値切る、値段交渉する

174

私たちはたいてい「ぼったくられる」側なので、「よくない目に遭う」を表す bị を使った受動表現を学んでおきます。

しっかりつながる

Tôi bị chặt chém.　ぼったくられた。

②は本当に適切な値段はいくらなのか。これは誰にも分からないのです。とりあえず、こんな言い方で半額からスタートしませんか。

弥生は mua hai cái「ふたつ買う」と言っています。文末の được không? は「できますか」「いいですか」の意味です。タフな交渉に驚いた店員は、ハノイっ子らしく北部方言でオイ・ゾイ・オーイと感嘆しています。店員は弥生の🔵 mặc cả は「値切る」技術を hay「上手だ」とほめてきました。決着間近です。

ふたつで16万ドンという提案を、もう少し値踏みして、15万にしましょうか。なるべくお釣りがないように代金を支払ったら、笑顔で立ち去ります。

rưỡi は直前に出てきた単位の「半分」を示します。ここでは trăm「百」があるので、百の半分、つまり một trăm rưỡi は「百と半分」で150です。

trả は「支払う」です。trả tiền は「お金を支払う」。手段の「で」を示す bằng を用いて、thẻ tín dụng「クレジットカード」で支払えるかどうかを聞いていますね。

もっとつながる

giá cố định　定価／ hạ giá セール、バーゲン

Liễu: Mi đi mô rứa? あなたはどこに行くの？

Minh: Tau đi chợ. 私は市場に行きます。

Liễu: Mi mua cái chi? 何を買うの？

Minh: Tau mua nước mắm. ヌオックマムを買います。

　これはベトナムの古都フエの言葉です。フエ出身のリエウさんたちは mi「あなた」、tau「私」を使います。次の mô は標準的なベトナム語の đâu「どこ」、rứa は 北 thế とか 南 vậy と同じ働きをする語、chi は gì と同じで「何」です。nước mắm は綴りが同じでも、響きがかなり異なります。

Liễu: Nhà vệ sinh ở mô? トイレはどこにありますか。

Phương Nam:

　　　Dạ, cô hỏi gì? はい、何を尋ねているのですか。

Liễu: Chu choa! O hỏi nhà vệ sinh ở mô? Con không hiểu thì biết mần răng?

　　　おやまあ。「トイレはどこにあるの？」と聞いたのに。通じないならどうしましょうか。

　リエウさんのフエ方言はホーチミン市の女の子には通じなかったようですね。o は「おじ、おば」を意味するフエの言葉。mần は làm「する」です。răng は最もフエらしい単語のひとつで sao「どのように」の意味です。

Sơ: Mi đọc sách chi rứa?

　　　あなたは何の本を読んでいるの？

Hạnh: Tau đang đọc sách tiếng Pháp.

　　　私はフランス語の本を読んでいます。

Sơ: Ghê rứa tời. すごいですねえ。

176

やはり sách「本」は明らかに違う音が聞こえてきますね。"Ghê rứa tời." は口語表現で「やばい」「すごい」のような使い方をします。

　では、フエの人がベトナム語の6声調をどう発音するかを聞いてみましょう。

ma　　mà　　mả　　mã　　má　　mạ

　ほとんどが mạ のように聞こえますね。だから、ベトナム人も「フエ方言は重い」と言います。例えば、nước mắm のように「上がる声調」が続く語は「重い声調」が続く語に変わって聞こえるわけです。逆に「下がる声調」は下がる感じがせず、ふにゃっと平らに発音している印象ですね。

　ベトナム人がフエ方言の特徴を語るときには、だいたい「発音が重い」点とフエ独特の単語に触れています。中でも代表的な4語を並べた Chi Mô Răng Rứa はフエ方言の大看板です。

　最後にフエ方言を使ったフレーズの音を味わいましょう。

Trời đổ mưa mà em đi mô, anh có biết chi mô nà!
Thôi bây chừ đưa em về với mạ, có chi mô mà em cứ khóc hoài!

　「このフレーズの意味が分からない」ですって？　音のバラエティを楽しめればいいのですから。では、最後にフエ方言で注文してみましょうか。

Cho tau một tô bún bò Huế.　ブンボーホエ1杯ください。

177

7. ホーチミン市でつながろう

🏮 (1) サイゴン、最高！

> まさみが訪れているのは、南部のホーチミン市。素敵な滞在になると
> いいですね。

① Tr.118

Masami: Thành phố nào lớn nhất ở Việt Nam?

ベトナムではどの都市が最大ですか。

Nam: Thành phố Hồ Chí Minh là thành phố lớn nhất.

ホーチミン市は一番大きな都市です。

Masami: Thành phố này còn được gọi là Sài Gòn, phải không?

この街は今もサイゴンと呼ばれていますよね。

Nam: Phải.

はい。

Masami: Xe ôm là gì?

「セーオム」って何ですか。

Nam: Xe ôm như là taxi xe máy.

バイクのタクシーみたいなものです。

Masami: Nam thích đi xe ôm không?

ナムはセーオムに乗るのが好きですか。

Nam: Thích lắm.Vì đi xe ôm nhanh hơn, tiện hơn và rẻ hơn đi taxi.

大好きです。セーオムはタクシーよりも速いし、より便利だし、より安いから。

Masami: Việt Nam có xe buýt không?

ベトナムにはバスはありますか。

Nam: Có chứ.
Nhưng không tiện bằng xe buýt ở Nhật.

もちろん。でも、日本のバスほど便利ではありません。

179

①の **thành phố** は「都市」「市」を意味します。**nào** は疑問詞「どの」です。さて、ここでは **lớn nhất** に注目してください。南**lớn** は「大きい」です。直後の **nhất** は「最も」「一番」を示す語です。**性質や状態を表す語** + **nhất** で「最も〜だ、一番〜だ」と言えます。だから、**lớn nhất** は「最大の」ということですね。もう少し見てみましょう。

Nam hát hay nhất.　ナムは一番上手に歌う。

このように動詞と組み合わせれば表現もいっそう広がりますね。

しっかりつながる

> 「一番」を表すには、主語＋性質や状態を表す語＋ **nhất.**
> 主語＋動詞＋性質や状態を表す語＋ **nhất.**

もっとつながる

> **nhỏ** 小さい／北 **to** 大きい／ **tỉnh** 県（ベトナムでは省）

サイゴン **Sài Gòn** という旧名は今でも街のあちこちで目にしますし、地元の人々も愛着を持って今も変わらずに使い続けています。

しっかりつながる

> **còn** ＋動詞、性質や状態を表す語
> 今も変わらずに〜する、〜だ

そして、**được** ＋動詞は受動表現で「〜される」で、ここでは **gọi**「呼ぶ」という動詞があるので、**còn được gọi** で「今も変わらずに呼ばれている」になります。

しっかりつながる

> **gọi điện** 電話をかける／ **gọi món ăn** 料理を注文する／
> **gọi tên** 名前を呼ぶ

②ではベトナムで最もポピュラーな交通手段 xe máy「バイク」の登場です。そのバイクを活用したのが xe ôm「バイクタクシー」です。ôm は、実は「抱く」の意味です。バイクの運転手をしっかり抱いて、振り落とされないようにしましょう。nhanh「速い」、tiện「便利だ、便利な」、rẻ「安い」の後ろについている hơn を見てください。

しっかりつながる

> A ＋性質や状態を表す語 ＋ hơn ＋ B.　A は B より〜だ。

また、**A＋動詞＋性質や状態を表す語＋ hơn＋ B.** のかたちで、こんなことも言えます。

Nam hát hay hơn Hoàng. ナムはホアンより上手に歌う。

語順が日本語と違うのではじめのうちはちょっと注意が必要かもしれません。次の bằng は「劣らない」「同じくらいだ」を意味します。また、như は「同じように」の意味です。

しっかりつながる

> A ＋性質や状態を表す語＋ bằng または như ＋ B.
> A は B と同じくらい〜だ。

このふたつの表現も使えれば、会話はどんどん広がりますね。

Hoàng hát hay bằng（như）Mai.

ホアンはマイと同じくらい上手に歌う。

Mình hát không hay bằng（như）bạn.

私はあなたほど（歌が）上手ではない。

không＋性質や状態を表す語＋ bằng または như... は「…ほど〜ではない」を表すかたちです。

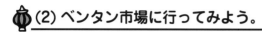

🏮 (2) ベンタン市場に行ってみよう。

この街で一番有名なマーケットはベンタン市場。観光客に大人気の
ショッピングスポットです。

① Tr.120

Masami：Mình muốn đi Chợ Bến Thành.

ベンタン市場に行きたいです。

**Nam： Chợ Bến Thành là chợ nổi tiếng nhất ở Sài
Gòn, cái gì cũng có.**

ベンタン市場はサイゴンで一番有名な市場です。

なんでもあります。

Masami： Mình muốn mua trái cây.

私は果物を買いたいです。

Nam： Vậy thì Masami đi vào trong chợ.

だったら、市場の中に入っていきましょう。

Nhân viên:Mua mực khô đi, chị! Ngon lắm!

スルメ買ってよ。とってもおいしいよ。

Masami:Mực khô bao nhiêu tiền một ký?

スルメ 1 キロいくらですか。

NV: 700,000 một kilô. 1 キロ 70 万ドンです。

Masami:Mắc quá! 高すぎる！

NV: Không mắc đâu. Ngon lắm. Chị mua đi.

全然高くないよ。とってもおいしいよ。買ってよね。

Masami:Mua nhiều có bớt không? Bớt đi.

たくさん買えばまけてくれますか。まけてよ。

NV: Bớt cho chị 100. 600,000 một kilô.

10 万まけます。1 キロ 60 万。

Masami:Còn mắc quá. Mua 2 ký 1 triệu, được không?

まだ高いなあ。2 キロ 100 万でどうですか。

NV: Được rồi.
**   Coi chừng bị móc túi. Chị phải cẩn thận.**

いいでしょう。
スリに遭わないように気を付けて。
慎重にならなければなりません。

Masami:Cám ơn chị. ありがとう。

①の chợ は「市場」です。nổi tiếng「有名な」と nhất があるので「一番有名な」市場だと話していますね。さて、cái gì は「なに」です。"Cái gì?" なら「なに？」ですが、ここでは cũng と一緒に出てきています。cũng は「も」を意味しますので、cái gì cũng は「なんでも」です。có は「ある」、文の意味は「なんでもあります」ということです。また、よく似た表現の "Cái gì cũng được." 「なんでもいい」は便利なフレーズです。

đi chợ は文字通り「市場に行く」のほかに、「（飲食店で）料理を注文する」という使い方もあります。"Masami đi chợ nha!"「まさみが注文してよ」。いつかこんなセリフを言われて、好きな料理を自由に注文したいですね。trái cây は「果物」で、🅝hoa quả と一緒に覚えておきましょう。また、vậy thì は「それなら、だったら」を意味する南部の言い方です。vào は「入る」ですから、đi vào なら「入っていく」。また trong は「中、中に」です。

②のように市場内を少し歩くだけでも、たくさんの売り子に声をかけられます。mực「イカ」と khô「乾いている」で mực khô「スルメ」。分かりやすい成り立ちです。

食料品を買うときは、"Bao nhiêu tiền một ký?" や "Một ký bao nhiêu?"「キロ当たりいくら」の表現が便利です。ký と kilô はとも「キログラム」の意味です。「値段が高い」は🅑đắt、南部では🅢mắc と言います。

もっとつながる

> bò khô 干し牛肉／ nai khô 干し鹿肉（どちらも日本には
> 持ち込み禁止。現地で楽しみたいですね）

強気の売り子は「強めの否定」Không ～ đâu. のかたちで「全然

184

高くない」と言ってきます。まさみも負けずに **bớt**「値下げする、値切りに応じる」を使い、さらに文末の **đi** も組み合わせて、本気の値段交渉です。売り子は **bớt cho あなた** で「あなたに値下げしてあげる」とお得感を演出するものの、たかだか 100。実は、この 100 のうしろには 南**ngàn**「千」が省略されていて、意味は 10 万です。

　まさみは「まとめ買いで、ぐっと値引きさせる」作戦で 100 万ドンと自ら勝負に出ていきました。ベトナムの通貨単位は **đồng** ですが、価格を言うときや値段交渉の場面では、省略されることが多いです。そして、**triệu** は「百万」。ちょっとしたショッピングでも、すぐに百万単位になります。日本では百万や億にご縁がなくても、ドンの世界ではたくさん出会いますので、ぜひ覚えておいてください。**còn** はここでは「依然として、まだまだ」の意味です。

もっとつながる

mười triệu 千万／北nghìn 千／triệu 百万／tỉ 十億

　スルメが売れてご機嫌な売り子はまさみに貴重なアドバイスをくれました。

coi chừng は「気を付ける、注意する」、**cẩn thận** は「慎重になる、用心する」の意味です。**móc túi** は「ポケットやカバンから金品を抜き取る」、つまり「スリ」です。市場内にも警告看板が出ています。異国でのショッピング、ご注意ください。

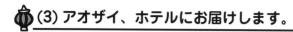

(3) アオザイ、ホテルにお届けします。

まさみはベトナムの民族衣装「アオザイ」の仕立て屋さんに行ってみました。オーナーのヒエンさんとの会話を見てみましょう。

① Tr.122

Hiền: Chị thích áo dài may sẵn hay may đo?

既製のアオザイがいいですか、それともオーダーメイドがいいですか。

Masami: Mình thích áo dài may đo hơn.
Mình thích màu hồng.

オーダーメイドのアオザイの方がいいです。
ピンク色が好きです。

Hiền: Dạ, có. Nhưng theo em chị mặc màu trắng cũng đẹp lắm. Chị thử đi nha.

はい。でも、あなたは白を着てもとっても美しいと思います。試してくださいね。

Masami: Phòng thử ở đâu?

試着室はどこにありますか。

Hiền: Chị đi theo em.

私に付いて来てください。

Masami: Màu hồng đẹp, màu trắng cũng đẹp.

ピンクはきれい。白もきれい。

186

Hiền: Mua hai bộ luôn đi. Người đẹp mặc màu gì cũng đẹp mà.

2着買ってくださいよ。美人は何色を着ても美しいですから。

Masami: Mình có thể trả bằng thẻ tín dụng được không?

クレジットカードで支払えますか。

Hiền: Được chứ. もちろん。

Masami: Vậy thì mình mua hai bộ luôn. では2着買います。

....

② Tr.123

Masami: Khi nào có áo dài? いつアオザイができますか。

Hiền: Ngày mốt. Em sẽ mang đến khách sạn. Chị ở khách sạn nào?

明後日です。ホテルまで持っていきます。
どのホテルにいますか。

Masami: Mình ở Khách sạn Bông Sen. ボンセンホテルにいます。

Hiền: Phòng số mấy? 部屋番号は？

Masami: Phòng 423. 423号室です。

①の áo dài は「アオザイ」。世界で通じるベトナム語のひとつです。アオザイには大きく分けて、既製を買うのか、オーダーメイドにするのかの2種類があります。may は「縫う」を意味します。sẵn「予め～しておく」、đo「測定する」の2語が理解のヒントになりますね。オーダーメイドの場合は、布地を選んで、体に当てながら、顔色や表情との相性をチェックします。既製の場合でも、試着して微調整を加えてもらいます。比較の「より～だ」を示す hơn が出てきました。好みを伝えるのに便利です。

　ここで、いろいろな màu「色」の表現もまとめておきましょう。

もっとつながる

> đen 黒／ đỏ 赤／ hồng ピンク／ trắng 白／ vàng 黄、金／
> xanh 青、緑

　ベトナム女性が気にするのは布地の色だけではなく、áo dài vẽ「図柄が手描き」、áo dài thêu「図柄が刺繍」という点です。vẽ は「描く」、thêu は「刺繍する」です。

　また、ここでは theo を使った意見の言い方を見ておきましょう。theo は「従う、依る」です。theo mình は「自分の考えでは」という意味です。

　thử は「試す」でしたね。mặc「着る」と合わせて、mặc thử や thử mặc とすれば「試着する」になり、phòng は「部屋」なので phòng thử は「試着室」ということです。

　店員は2着買いを勧めてきます。bộ は「セットになったもの」につく語です。チャイナドレスと違ってアオザイは上下で組になっていますから、bộ で数えます。luôn は「最後までスルッと成し遂げる」という意味があるのですが、ここでは「2着ともに」ですね。会話

などでは、あれこれ考えずに「行こうよ！」と言いたいときに "Đi luôn!"「行っちゃおう」を使います。

さて、店員のキラーフレーズ、Người đẹp mặc màu gì cũng đẹp mà.「美人は何色を着ても美しいですから」は今までに出てきた単語ばかりで、mà はここでは強調です。

②を見ましょう。ショッピングの最重要表現は trả tiền「お金を支払う」。「現金」は tiền mặt。「現金を払う」場合はそのまま trả tiền や trả tiền mặt です。thẻ tín dụng「クレジットカード」払いは、手段の bằng「で」を用いて、trả bằng thẻ tín dụng と言いますね。

短い滞在にはホテルデリバリーが便利ですね。mang を使った mang đến「持ってくる」や mang về「持ち帰る」なども知っておきたい表現です。テイクアウト全盛の当節、このふたつはベトナム旅行でも便利な表現です。

仕上がりは 南ngày mốt「明後日」と言っています。北ngày kia も知っておきましょう。

番号を尋ねるときは số mấy? と言います。số は「数字」や「番号」を意味します。ここでは phòng「部屋」の番号を聞いています。電話番号なら số điện thoại です。

この本では前に vé số「宝くじ」も出てきました。vé は「切符」「チケット」の意味なので、直訳すれば「数字のチケット」ということでしょうか。

(4) 南部は甘い味付けです。

アオザイの採寸が終わったので、もう遠慮なくベトナム料理を堪能しましょう。

① Tr.124

Masami: Mình thấy món ăn miền Nam ngọt hơn miền Bắc.

南部の料理は北部より甘いと感じます。

Nam: Ở miền Nam người ta thích ăn ngọt.
Còn người miền Trung thích ăn cay.

南部では甘い味付けが好まれ、中部の人は辛い味が好きです。

Nhân viên: Ở đây có nhiều món tôm.
Tôm nướng, tôm hấp, tôm xào chua ngọt, chả giò tôm.

ここはエビ料理がたくさんあります。エビのグリル、蒸しエビ、エビの甘酢炒め、エビ春巻き。

Masami: Nghe hấp dẫn quá!

魅力的な響きだな。

NV: Mời chị xem thực đơn.

メニューをご覧ください。

Nam: Masami đi chợ nha. まさみがオーダーしてね。

Masami: Ừ. Chị ơi! うん。すみませーん！

Masami: Cho tôi chả giò tôm, nửa ký tôm hấp bia.

エビ春巻き、エビのビール蒸しを半キロください。

NV: Dạ. Anh chị uống gì ạ?　はい。何を飲みますか。

Masami: Cho chúng tôi 2 chai bia Sài Gòn.

サイゴンビールを２本ください。

NV: Dạ. Còn gì nữa không?

はい。ほかに何かありませんか。

Masami: Để mình xem. À, mì xào hải sản nữa.

ちょっと待って。あ、海鮮焼きそばも。

Nam: Masami đi chợ giỏi quá!

まさみは注文が上手だね。

....

Nam: Chị ơi! Cho chúng tôi xem thực đơn.

すみませーん、メニューを見せてください。

NV: Dạ, mời anh chị xem.

どうぞご覧ください。

Nam: Chị cho chúng tôi một ly cà phê đá và một lon coca.

アイスコーヒー１杯とコーラ１缶をください。

NV: Dạ, anh chị chờ một chút.

はい。少しお待ちください。

①の thấy は「見る、気が付く、感じる」などの知覚を表す動詞です。món や món ăn は「料理」の意味でした。まさみは味付けの南北差に気が付きました。南部は ngọt「甘い」のです。ナムは中部の人たちが cay「辛い」もの好きであると説明しています。

もっとつながる

chua 酸っぱい／ mặn しょっぱい／🔵nhạt, 🔴 lạt 味が薄い

ベトナムは tôm「エビ」の養殖が盛んです。このレストランはさまざまな料理法で楽しませてくれるようです。hấp は「蒸す」です。日本ではエビを茹でますが、ベトナムでは少量のビールや水で蒸す方が一般的です。tôm nướng「エビのグリル」、tôm hấp は「蒸したエビ」、tôm xào chua ngọt は「エビの甘酢炒め」です。それぞれ料理名を示す語句です。chả giò は「春巻き」ですから、chả giò tôm は「エビ春巻き」。

忘れられないのは揚げ春巻き。北部では nem rán と呼びます。生春巻きは gỏi cuốn。こちらは南北で同じ呼び名ですが、もとは南部発祥の料理です。まさみは hấp dẫn「魅了する、魅力的だ」と感嘆しています。確かに thực đơn「メニュー」を見ながら注文を考えるのは最高です。

シーフードは重量で値段が変わるので、食べたい量を伝えます。市場でスルメを買ったときと同じ要領ですね。②ではふたりの食事にエビを 1 キロはちょっと多いので、nửa「半分」を使って、半キロ、つまり 500 グラム注文します。chai は「瓶」を意味する語です。

もっとつながる

mililít ミリリットル／ lít リットル／ lon 缶／ ly グラス

しっかりつながる

> 飲みものは 数詞＋容器の類別詞＋名詞
>
> 数詞＋度量衡＋単位

よく見れば、「半分＋キロ＋エビ」と同じ並べ方ですから、ベトナム語ではこの語順が大切だということです。

店員が Còn gì nữa không? と聞きます。どれも見覚えがある語ばかり。このかたちを生かせば Còn ai nữa không?「まだほかに誰かいますか」Còn ai ăn nữa không?「ほかに食べる人はいますか」と、表現の充実させることができます。

"Để mình xem." は「ちょっと待って」の定番フレーズ。ほかには「待つ」を意味する動詞 chờ や đợi に một chút「ちょっと」を合わせて、"Chờ một chút." のような言い方もあります。

最後に mì「（小麦粉を使った）麺」を少しだけ広げておきましょう。**麺の種類＋料理法＋メインの具材**のかたちを知っておけば、メニューは「おいしい教科書」です。mì「麺」＋ xào「炒める」＋ hải sản「シーフード」のたし算。答えは「海鮮焼きそば」ですね。

もっとつながる

> bánh canh（タピオカ粉と米粉の麺）／ bún ブン（米粉を原料とする国民的麺食）／ miến 春雨／ nui マカロニ／ phở フォー

③では乾いたのどを冷たい飲みもので潤します。thực đơn は「メニュー」です。cà phê「コーヒー」の後には、đá「石、氷」が見えますから、アイスコーヒーですね。mời は「どうぞ」と相手に勧める語です。

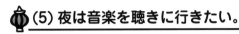 **(5) 夜は音楽を聴きに行きたい。**

サイゴンの夜は長く、そしてバーでのひとときやライブハウスの生演奏などの「大人の楽しみ」もたくさんあります。

① Tr.127

Masami:Buổi tối Nam thường làm gì?

夜はたいてい何をしますか。

Nam: Mình thích nghe nhạc. Cuối tuần mình thường đi nghe nhạc ở phòng trà.

音楽を聴くのが好きです。週末はたいていライブハウスに音楽を聴きに行きます。

Masami:Mình thường đi tập gym hay ở nhà chơi game.

私はたいていジムにトレーニングに行くか、家でゲームをします。

Nam: Mình cũng thường đi tập gym và đi chạy bộ.

私もたいていジムにトレーニングに行ったり、ランニングします。

Masami: Nam thích nghe nhạc gì?

ナムは何の音楽を聴くのが好きですか。

Nam: Mình thường nghe nhạc bolero.
Mình ít khi nghe nhạc rock.

たいていボレロを聴きますね。ロックはほとんど聴きません。

Masami: Nam có nghe nhạc ngoại không?

外国の音楽は聴きますか。

Nam: Có. Mình thỉnh thoảng cũng nghe nhạc ngoại.

はい。ときどき外国の音楽も聴きます。

Masami: Nam mua đĩa CD hay tải nhạc?

ナムは CD を買いますか、それとも音楽をダウンロードしますか。

Nam: Mình thường tải nhạc, ít khi mua đĩa.

たいていダウンロードします、CD はほとんど買いません。

ここで「日常の行動」の言い方を見ておきましょう。①の **thường** は動詞の前に置いて、その動作や行動の頻度が高いことを示します。頻度を表す語には以下のようなものがあり、使いこなせるようになれば、会話も弾みます。

もっとつながる

	luôn luôn	
	いつもいつも	
Tôi	thường	nghe nhạc Việt Nam.
私は	たいてい	ベトナム音楽を聴く。
	hay	
	しばしば	
	thỉnh thoảng	
	ときどき	
	ít khi	
	ほとんど〜ない	

　phòng trà は「ライブハウス」。たいていはステージと音響設備が整った 100 席前後のカフェテリアのことです。観客は深めのソファに座り、ソフトドリンクを片手に、自分の好みの歌手が生演奏で歌うのを静かに楽しむ空間です。

もっとつながる

buổi sáng 朝、午前中／ buổi trưa 昼間／
buổi chiều 午後／ buổi tối 夜／ cuối tuần 週末

まさみは、tập gym「ジムでエクセサイズする」とか chơi game で夜を過ごしているようです。ナムはジムに行ったり、chạy bộ「ランニングする」など健康的な生活ですね。chơi「遊ぶ」は、いろいろな名詞と相性がいい、遊び上手な動詞です。ちょっと見ておきましょう。

もっとつながる

> chơi thể thao スポーツする／chơi bóng đá サッカーする／chơi đàn piano ピアノを弾く／chơi bài カードゲームをする／chơi cờ 将棋を指す

　②を見ましょう。ふたりの間では音楽の話題が続いています。bolero「ボレロ」とは、1950 年代からベトナム戦争中にかけて南部で流行した音楽の種類です。西洋音楽の音階をベトナム音楽に取り入れた斬新さと、才能豊かな作曲家たちが作り上げたロマンチックなメロディと抒情的な歌詞が、半世紀以上たった今も人気です。

　また、nhạc ngoại「外国の音楽」を見ると、ngoại には「外国の」「舶来の」という意味があることが分かります。hàng ngoại「外国製品」などのほかに、ngoại giao「外交」、ngoại quốc「外国」、ngoại ngữ「外国語」のような ngoại を使った語もたくさんあります。

　音楽関連では đĩa CD「CD」や tải「（ソフトなどを）ダウンロードする」という表現にも親しんでおきたいです。

　1000 年の歴史を誇る首都ハノイと、ベトナム最大の都市ホーチミン市を旅しながら、いろいろな表現を見てきました。現地でのベトナム語コミュニケーションを、日本帰国後にはベトナム人の友だちとの会話に生かしてみたいですね。

　最大の都市、ホーチミン市を中心とする南部を旅すると、「ベトナム語ってふんわりやわらかい音だな」と感じます。

　南部方言では①ザ行の子音があまり聞こえない、② r-, s-, tr- が反り舌、巻き舌のように聞こえる、という特徴があります。そして、人名や地名などを発音するときも同じです。

Dũng さんという男性 🔵北「ズン」さん 🔴南「ユン」さん

Sài Gòn ホーチミン市の中心部「サイゴン」

áo dài ベトナムの民族衣装 🔵北「アオザイ」 🔴南「アオヤイ」

phở「フォー」ベトナムを代表する麺料理

mạ 苗

　南部のベトナム語がふんわり響くのは、声調にも特徴的な地域差があるからです。mã と mả の区別がないことです。途中で断絶して、直後にキリリと高めの音を続ける北部方言の mã がなく、ふんわりゆるやかと上下する mã と mả は南部方言のやわらかさを形づくる大きな要素ですね。mạ にも南部方言の独特さを感じます。北部では短く重々しく「マッ」。南部では、甘く切なく引っ張るように「マーッ」。

　そうそう、音の区別をしないから、社会的地位が高い人でも ~ と ˀ を書き間違えることがあります。私たち日本人は、外国語学習は「まず文字から入る」ので、発音はなかなか上達しないのですが、一方で声調記号の書き間違いがないから、感心されます。

　知人の奥さまは、書き間違いが治らない我が子に対して「日本人の田原さんだって正しく書けるのに、アンタったら！」と叱るものですから、子どもに申し訳ない気持ちでした。

　たったひとことだけど、話し手の人柄がじわりと滲み出て、聞き手の心のひだに沁みこんでいくようなベトナム語はないのだろうか、と考えてみました。

　土井善晴さんの『一汁一菜』のようなイメージ。耳目を惹く派手な表現ではなく、誰もが口にできて、みんなの心を満たすことができるひとこと。美辞麗句やイージーな略語が全盛の今ではあまり聞かないのですが、それは mạnh giỏi。少し古めのベトナム語辞書には「健康状態が好ましいこと、病気でないさま」と説明があります。

　学生時代、故郷に帰る友人について南部のあちこちを旅しました。日中は地元の名所を訪ね歩き、夜はロウソクやオイルランプを囲み家族で食事する、そんな数日を過ごして戻ります。ご両親は都会の下宿に戻る子どもにたくさんの食料を持たせます。

　「サイゴンでも買えるのに」と友人。「田舎のものの方がおいしいから」と母親。最後に Mạnh giỏi nghen.「元気でね」とひとこと。留学生の私にも Mạnh giỏi! 南部らしい発音で響く「マンヨーイ」は心の栄養になりました。

　久しぶりに再会した知人と Mạnh giỏi không?「元気かい？」。練乳入りのアイスコーヒーを飲みながら近況報告。じゃあ帰ろうと席を立つ。私は日本に戻るので、次はいつ会えるか分からないけれど、いつも通りに mạnh giỏi でさようなら。

　四半世紀以上もベトナム語を勉強して素敵な表現や気の利いた言い回しを自由に使えるようになっても、やっぱり mạnh giỏi が『一汁一菜』のようなベトナム語です。

8. つながりをひろげよう

🏮(1) 手伝ってくれませんか。

ベトナム語の会話を楽しもうと、のぞみが友達を訪ねると ....。

① Tr.130

Linh: Nozomi ơi!
Bạn có thể giúp mình được không?

のぞみ〜、手伝ってくれませんか。

Nozomi: Sẵn sàng.
Có chuyện gì không?

喜んで。
何がありましたか。

Linh: Mình muốn đi đăng ký thẻ cư trú.
Nhưng mình chưa giỏi tiếng Nhật.

在留カードを申し込みに行きたいです。
でも、私は日本語がまだうまくなくて。

Mai: Mình muốn mở tài khoản ở ngân hàng.
Khi đi làm thủ tục mình cần mang gì?

銀行に口座を開きたいです。
手続きに行くとき、何を持っていく必要がありますか。

Nozomi: **Mai cần mang theo thẻ cư trú và con dấu.**
Các bạn đừng lo.
Mình sẽ đi cùng với các bạn.

在留カードとはんこを持っていく必要があります。
みんな、心配しないで。私が一緒に行くから。

....

② Tr.131

Mai: **Mình muốn gửi bưu kiện cho bạn ở Kanazawa.**
Nozomi viết địa chỉ giúp mình được không?

金沢に住んでいる友達に小包を送りたいです。
のぞみさん、私の代わりに住所を書いてくれますか。

Nozomi: **Được. Mình sẽ viết giúp Mai.**

いいですよ。マイの代わりに書きましょう。

Mai: **Ủa? Nozomi viết bằng tay trái à?**

あれ？ のぞみは左手で書くの？

Nozomi: **Ừ, mình là người thuận tay trái mà.**

うん。私は左利きだから。

Mai: **Người yêu của mình cũng là người thuận tay trái đấy.**

私の彼も左利きなの。

201

①のような手伝いやお助けをお願いする表現はいろいろあります
が、まずは**あなた＋có thể giúp＋私＋được không?**「私を
手伝ってくれませんか」、このかたちに親しんでおきましょう。giúp
は「助ける」を意味します。頼まれたのぞみは二つ返事。sẵn sàng
は「準備ができている」で、**sẵn sàng＋動詞**で「喜んで〜する」
と言えます。chuyện は「用事」「事柄」の意味です。

さて、リンは đăng ký「申し込む」「登録する」に行きたい、と
言っています。後ろに thẻ cư trú とあります。cư trú は「居住する」
で、thẻ はクレジットカードなどで出てきた「カード」の意味なので、
これは「在留カード」のことです。また giỏi は「上手に、上手な」で、
リンは「日本語がまだうまくない」と打ちあけています。mang は「持
つ」で、mang theo では「身に付けて行く、携行する」です。thủ
tục は「手続きする」の意味。

もっとつながる

> thẻ ngân hàng キャッシュカード／thẻ tín dụng クレ
> ジットカード／thẻ sinh viên 学生証／thẻ VIP（レスト
> ランや店の）VIP カード

mở は「開く」「開ける」の意味です。tài khoản「口座」や
ngân hàng「銀行」は生活に不可欠な単語ですね。日本での生活に
必要なのは con dấu「はんこ」です。cần「必要だ」も覚えます。
cần＋名詞で「〜が必要だ」も便利ですが、**主語＋cần＋動詞**で「〜
する必要がある」のかたちにも慣れておきたいですね。

もっとつながる

> mở cửa ドアを開ける
> mở cửa sổ 窓を開ける ⇔ đóng 閉める

ここで大切なのは「禁止」を示す **đừng** の使い方です。「〜しては いけない」や「〜するな」を表現できます。語順に注意して、**あな た+ đừng +動詞のかたち**で使えるようにしておきましょう。最初 の「あなた」は省略可能です。また、文頭に **Xin** を加えたら丁寧な 表現になります。

しっかりつながる

> あなた+ **đừng** +動詞　〜してはならない
>
> **Xin** +あなた+ **đừng** +動詞　〜しないでください

　lo は「心配する」を意味します。のぞみは **đi cùng**「一緒に行く」 から心配しないようにとリンやマイに声をかけています。

　②ですが手紙などを送るときには**主語+ gửi（送る）+モノ+ cho 相手**のかたちを使います。ここでは **bưu kiện**「小包」を送る のですね。

　さらに「代わりに〜する」という表現も出てきました。**A さん+ 動詞+ giúp + B さん**で「A さんは B さんの代わりに〜する」と言 えます。マイはのぞみに **địa chỉ**「住所」を代わりに書いてもらおう としています。

　ペンを持ったのぞみを見たマイはハッとしました。**tay** は「手」で すね。**phải**「右」や **trái**「左」は後ろから修飾するので、**tay trái** は「左 手」ということ。手段の「で」を表す **bằng** も再確認しておきたい ですね。**thuận tay trái** は「左利き」の意味です。**người yêu** は「恋 人」。マイの彼氏も左利きなのですね。

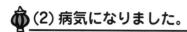 **(2) 病気になりました。**

ナムが元気なさそうなので、のぞみは声をかけてみました。

①

Tr.132

Nozomi: Nam trông không khỏe. Nam bị cảm à?

ナム、元気がなさそうです。風邪を引いたの？

Nam: Mình bị đau đầu, con gái mình bị sốt cao.
Mình muốn đi khám bệnh.

私は頭が痛いし、娘は高熱が出ている。
診察を受けに行きたい。

Nozomi: Ngày mai mình nghỉ, chúng ta cùng đi.

明日、私はお休みだから、一緒に行こう。

Nam: Mình chưa giỏi tiếng Nhật, ngại quá.

日本語がまだ上手じゃないから、ためらっちゃうなあ。

Nozomi: Không sao. Để mình giúp bạn.

大丈夫、私がお手伝いするから。

204

Nozomi: Nam có đăng ký bảo hiểm y tế không?

ナム、健康保険に加入していますか。

Nam: Có. Đây là thẻ bảo hiểm.
Mình đã đăng ký ở tòa thị chính.

はい。これが保険証です。市役所で申し込みました。

Nozomi: Vậy thì Nam yên tâm đi.
Nhớ ngày mai mang theo thẻ bảo hiểm nha.

じゃあ、安心して。明日、保険証を忘れずに持ってきてね。

Nam: Khi mình muốn gọi xe cấp cứu thì sao?

救急車を呼びたいときはどうすればいいの？

Nozomi: Cứ gọi 119. Còn gọi cảnh sát là gọi 110.

とにかく119を呼ぶ。警察を呼ぶときは110。

Nam: Gọi xe cấp cứu có phải trả tiền không?

救急車を呼ぶとお金を払わなければならないの？

Nozomi: Không! Nhưng đừng xem nó là taxi.
Mình chỉ gọi lúc cần thiết thôi.

いいえ。でも、救急車をタクシーみたいに考えないで。
必要なときだけ呼びます。

①では Nam không khỏe. ならば「ナムは元気でない」ですが、Trông Nam không khỏe. や Nam trông không khỏe. のように trông があると「ナムは元気がないように見える」という表現です。trông「〜のように見える」に親しみましょう。

しっかりつながる

Trông 主語＋述語　または　主語＋ trông 述語
〜のように見える

体調が悪いことは、「よくない目に遭っている」を表す bị を用いて、**主語＋ bị ＋症状**で表現します。bị cảm は「風邪をひく」です。bị mệt は「疲れる、体調がすぐれない」の意味です。また、「病気です」は**北**bị ốm や**南**bị bệnh と言います。ốm, bệnh ともに「病気になる」の意味です。**主語＋ bị đau ＋場所**を使うと、bị đau đầu「頭が痛い」、bị đau bụng「おなかが痛い」のように具体的に表現できます。bị sốt「熱がある」は、ここでは cao「高い」が付いているので、微熱ではなく高熱が出ていると分かります。con gái は「娘、女の子」です。「息子、男の子」は con trai と言います。

さて、khám がちょっとややこしいのです。なんと、「（医師が）診察する」の意味があり、さらに「（患者が）受診する」もあるのです。実際には「会話の流れ」があるので、頭痛が起こるほど悩む必要はありません。cùng ＋動詞は「一緒に〜する」です。

nghỉ は「休む」の意味。ngại は「ためらう」「遠慮する」です。躊躇するナムに、のぞみは Không sao!「大丈夫」と明るく声をかけていますね。

②の bảo hiểm は「保険」。「保険に加入する」は、国民保険制度

なら **đăng ký**「申し込む」がしっくりきます。民間の医療保険への加入は **mua**「買う」を使えばいいでしょう。**y tế** は「医療」です。

もっとつながる

> **bảo hiểm du lịch** 旅行保険／**bảo hiểm nhân thọ** 生命保険

tòa thị chính は「市役所、役場」です。**tòa** には「建物」という意味があり、ほかに **tòa án**「裁判所」という語もありますが、読者のみなさんにはご縁がないかもしれません。

　yên tâm は「安心する」の意味で、後には命令やうながしの **đi** が付いています。**nhớ**「覚える」「思い出す」を使って、「忘れずに〜する」を表現できますので、覚えてくださいね。

　「電話をかける」「（人や車を）呼ぶ」は **gọi** を使います。**cứ** は「とにかく」の意味です。**cảnh sát**「警察」も知っておくとよいでしょう。そうそう、**xe cấp cứu**「救急車」が無料だと知らない外国人は少なくないのです。だから、ナムのように **phải**「しなければならない」**trả tiền**「お金を支払う」と心配するのです。もちろん、タクシーみたいに使うのはだめですから、念のためにひとこと付け加えています。**xem A là B** は「A を B とみなす、考える」を言い表すかたちです。また、**chỉ〜thôi** は「たった」「だけ」を示します。**cần thiết** は「不可欠な」の意味です。**lúc** は「〜のとき、〜するとき」、ここでのぞみは **chỉ** と合わせて「必要なときだけ」と言っているのですね。

もっとつながる

> **xe chữa cháy** 消防車／**xe chở quan tài** 霊柩車

(3) これはどういう意味ですか。

外国語を勉強していると、「これは何というのだろう」という場面に
たびたび出くわします。

① Tr.134

Nozomi: **Cái này tiếng Việt gọi là gì?**

これはベトナム語で何と言いますか。

Mai: **Cái đó tiếng Việt gọi là bát.**

それはベトナム語で「バッ」と言います。

Nam: **Trong Nam gọi là tô.**

南部では「トー」と言います。

....

② Tr.135

Nozomi: **Con này tiếng Việt gọi là gì?**

これはベトナム語で何と言いますか。

Nam: **Tiếng Việt gọi là heo.**

ベトナム語では「ヘオ」と言います。

Mai: **Ngoài Bắc gọi là lợn.**

北部では「ロン」と言います。

....

Mai: **Chữ Kanji này tiếng Nhật đọc như thế nào?**

この漢字、日本語はどのように読むのですか。

Nozomi: Tiếng Nhật đọc là chu i.

日本語では「ちゅうい」と読みます。

Mai: **Giống tiếng Việt quá.**

À, Nozomi có thể dịch câu này sang tiếng Việt được không?

ベトナム語によく似ているなあ。

のぞみさん、この文をベトナム語に訳せますか。

Nozomi: Để mình xem.

ちょっと見せてみて。

①のベトナム語では、cái「無生物につく目印」と con「生物につく目印」という、大きくふたつに分ける考え方がありましたね。だから、「これ」や「それ」も、この区分が大切です。のぞみが指しているのはフォーが入っている丼。ちなみに、ベトナムは陶磁器の生産もさかんです。丼＝無生物ですから、cái này「この物」、cái đó「その物」と、cái を使っているわけです。

もっとつながる

viên：丸くて小さなもの
　　　kẹo「飴」／ thuốc「薬（丸薬）」／ đạn「弾丸」
quyển：冊子になっているもの
　　　sách「本」／ từ điển「辞書」／ vở「ノート」
bức（四角くて薄いもの）：
　　　ảnh「写真」／ thư「手紙」／ tranh「絵画」

　「ベトナム語で何と言う？」の部分は "Tiếng Việt gọi là gì?" です。実際のコミュニケーションで、現物を指しながら尋ねるなら、この１文で十分です。

　②は cái ではなく con なので、生物について話している、と分かります。どう見ても豚です。では、豚ってベトナム語で何と言うんだろうか。ここで、例文の出番なのです。

しっかりつながる

逆に、"Tiếng Nhật gọi là gì?"「日本語で何と言いますか」と聞かれたときには、まず "Tiếng Nhật gọi là" と言ってから日本語を答えます。

③をご覧ください。私たちがベトナム人に聞くばかりではなく、ベトナム人が私たちに尋ねてくれるようになると何だかうれしいものです。漢字の読み方はよく聞かれます。**chữ** は「文字」の意味です。**đọc** は「読む」でしたね。「どのように」を尋ねるのには **như thế nào?** を用います。答え方は、先ほどの **gọi**「呼ぶ」を **đọc** に代えればいいのです。「注意」はベトナム語でも **chú ý** と言いますから、マイが **giống**「似ている」と興奮するのも無理ありません。

次に、**dịch**「訳す」を見ておきましょう。**dịch sách**「本を翻訳する」、**dịch văn bản**「文書を翻訳する」のほかに、**dịch ＋「翻訳するもの」 ＋ sang ＋ tiếng X** のかたちで「〜を X 語に訳す」を表すことができます。

なお、**dịch** は翻訳と通訳の両方を示しますが、特に口頭での通訳を言い表すには、**phiên dịch**「通訳する」という語が便利です。

マイは **câu này**「この文」をベトナム語に訳せるかどうか尋ねています。それに対して、のぞみは "**Để mình xem.**" と答えます。「ちょっと待って」の意味で使われることが多いのですが、この場面では「ちょっと見せて」でしょう。

そうそう、**có thể ... được không** のかたちで「できますか」はもう使うことができますか。

もっとつながる

> **chữ** 文字／**từ** 語、単語／**câu** 文／**văn** 文章／
> **văn bản**（公的な）文書／**diễn văn** スピーチ、演説文

🏮 (4) 分かち合いたいです。

ベトナム語が分かるようになると、ベトナム人とおいしいものを一緒に食べたい、喜怒哀楽を分かち合いたいという気持ちが湧いてきます。

① Tr.137

Nam: **Má mình muốn mời Nozomi ăn cơm kiểu Việt Nam.**

うちの母がのぞみにベトナム式の食事をご馳走したがっています。

Nozomi: **Hay quá. Mình thèm món ăn Việt Nam.**

素敵だなあ。ベトナム料理が無性に食べたかった。

Má của Nam: Hôm nay bác làm chả giò. Mời Nozomi.

今日は揚げ春巻きを作りました。のぞみ、どうぞ。

Nozomi: **Cám ơn bác. Ôi, thơm quá.**

ありがとうございます。おー、とってもいい香り。

Nam: **Xin mời.**

どうぞ。

Nozomi: **Nước chấm ngon quá!**

タレがとってもおいしい！

②

Mai: Chúc mừng sinh nhật, Nozomi!

お誕生日おめでとう、のぞみ。

Nozomi: Cảm ơn Mai. Mời Mai ăn bánh.

ありがとう、マイ。ケーキを召し上がれ。

....

③（使う場面がないことを願いながら）

Mai: Hôm qua bố mình mất rồi.

昨日、父が亡くなりました。

Nozomi: Xin phép được chia buồn với Mai và gia đình.

マイとご家族の悲しみを分かち合わせてください。

Mai: Cảm ơn Nozomi.
Mình phải xin nghỉ phép để về quê.

ありがとう、のぞみ。
故郷へ帰るために休暇を申請しなければ。

213

①ではナムのお母さんがのぞみを食事に招いています。🈵má「母」と言っているので、ナムの家族は南部出身。生野菜たっぷりの瑞々しい食卓が目に浮かびます。kiểu は「スタイル」や「形式」を意味する語。衣服や髪型などの表現にも用います。

　のぞみの thèm の使い方がとっても鮮やかです。「無性に〜したい」「熱望する」という意味の語。ナムのお母さんも張り合いがあるでしょう。

　今日の料理は chả giò「揚げ春巻き」。nước mắm「ヌオックマム」と呼ばれる魚醤を中心にした nước chấm「タレ」の味加減が重要です。香味野菜、ライムの果汁、砂糖などを使って家伝のブレンドでタレに仕上げていきます。ngon「おいしい」だけでなく、thơm「香りがいい」も覚えておきたいですね。

　"Xin mời." 「どうぞ」の声が聞こえたらめしあがれ。mời は「招く、誘う」です。

　そうそう、nước chấm「タレ」がおいしいと言われると、料理した人は幸せになります。

もっとつながる

chua ngọt 甘酸っぱい
giòn クリスピーな、サクサクしている

どんどん食べて、たくさん話して、にぎやかな食事になりそうです。

　②は chúc mừng「おめでとう」という声が聞こえます。のぞみの誕生日を祝うみたいです。sinh nhật は「誕生日」の意味です。

　この会話に違和感がありますって？　ベトナムでは誕生日の本人がパーティーを企画するのです。そして、参加者に食事やケーキを

振舞います。今日はのぞみがみんなにご馳走する日です。bánh は
「餅、ケーキ、パン」など、粉で作って加熱したもの全般を指す語
で、この場面ではケーキのことです。正確に「ケーキ」を指すには
bánh ngọt という語もあります。

もっとつながる

🔵kem caramen，🔴bánh flan プリン
bánh su kem シュークリーム

次に③を見てみましょう。悲しみも共有するのが友達です。mất
は「亡くなる」を意味します。chết「死ぬ」よりも丁寧な語です。
xin phép は「許可を乞う」で、礼儀正しく物事を頼む表現です。
Xin phép được ～では「～させていただく」の意味になります。
chia は「分ける」の意味です。buồn は「悲しい」です。

もっとつながる

chia đôi 半分ずつにする ⇔ chia vui 喜びを分かち合う

xin は「申し込む、申請する」という動詞、nghỉ phép は「休暇」
を意味します。マイは về quê「帰省する」ために休暇を申請しよ
うとしています。

ここで見た表現が実際に役立つようなことがなければと願ってい
ます。

ただ、喜怒哀楽を共にできるのが真の友かもしれませんね。

私たちは「意味の通じ合い」のためだけにベトナム語を学んでい
るのではなく、「気持ちの通じ合い」を目指している気がします。

(5) もっともっと

「つながるベトナム語」、これでおしまいです。でも、もっともっと話したい、もっともっとつながりたい！という人のために「もっともっと」総復習をお届けします。

①もっと食べたい
Tr.140

Bình: Yayoi muốn ăn nữa không?

弥生、もっと食べたいですか。

Yayoi: Mình no rồi. Cảm ơn Bình nhé.

おなかいっぱいです。ビン、ありがとう。

------

②もっと知りたい
Tr.141

Linh: Hiroko biết nhiều về Việt Nam rồi.
Bây giờ Hiroko là người Việt Nam đấy.

ひろこはベトナムについてたくさん知っている。
ひろこはもうベトナム人だよ。

Hiroko: Ừ, nhưng mình muốn biết nhiều hơn, muốn hiểu sâu hơn nữa.

うん。でも、もっとたくさん知りたいし、もっと深く理解したいんです。

------

③もっとおいしい
Tr.142

Nam: Đã quá! Sake này ngon tuyệt vời.

気持ちいいなあ、このお酒、最高だ！

Kyoko: **Ừ, nhưng uống lạnh ngon hơn đó.**

うん。でも冷やして飲むともっとおいしいわよ。

....

④ もうそれ以上は ....。 ［Tr.143］

Nam: **Chả giò, gỏi cuốn, bánh xèo...**

揚げ春巻き、生春巻き、バインセオ（ベトナム風お好み
焼き）...

Masami:Đừng nói nữa! Ác quá! Mình thèm quá đi!

もうそれ以上言わないで。最悪〜。
我慢できなくなっちゃうでしょ。

Nam: **Mình cũng thèm ăn lắm.**

私も無性に食べたくて。

....

⑤ ベトナム語、もっともっと上手になりたい ［Tr.144］

Nam: **Nozomi có thích đi du học ở Việt Nam không?**

のぞみはベトナム留学に行きたいですか。

Nozomi:Mình thích lắm.
Mình muốn giỏi tiếng Việt hơn nữa.

とっても行きたい。
ベトナム語、もっともっと上手になりたいです。

Nam: **Vậy là Nozomi say mê Việt Nam rồi.**

それなら、のぞみはもうベトナムに夢中だね。

①の nữa は「さらに」とか「もっと」を意味します。すでに発生していることや状態について「もっと」と言うので、この場面では、弥生はすでにあれこれ食べています。そのうえで「もっと」食べますか、と聞かれているのです。

もっとつながる

> đói 空腹だ／ khát のどが渇く／ no おなかいっぱいだ

②ではリンが bây giờ「今、現在」のひろこのベトナム語力やベトナム理解をほめています。về は「〜について」です。答えるひろこは、biết「知る」には nhiều「たくさん」を当てて、hiểu「理解する」のほうは sâu「深く」という語を使っていて、すでに上級者の風格が出ています。文の最後に nữa をつけて、「もっと」を強調しているのも、会話表現として自然な感じがします。なお、リンが đấy「だよ」を文末に置いて強調しているのもポイントです。

もっとつながる

> hiểu biết しっかりと理解する／ nắm 把握する

③の京子は日本酒をグイっと飲んで "Đã quá!"。「気分爽快」「最高！」を意味する口語表現です。さしずめ、某水泳選手の「チョーきもちいい」のベトナム語訳でしょうか。tuyệt vời は「最高」。口語では tuyệt のかたちが多く、しかも "Tuyệt quá!"「超サイコー」のような表現もあります。ngon hơn「もっとおいしい」飲みかたを提案しているくらいだから、きっとイケる口なのでしょう。比較の hơn「より〜」を使うことでも、「もっと」を言い表せます。

京子も文末に 南đó「だよ」を置いて、表現に力を入れています。

218

先に見た **đấy** や **đó** は文末で使うと自然な会話になります。ここまでできると、ベトナム語を話すこと自体が楽しいでしょう。

④を見てください。ベトナム料理数多くあれど、どうしても食べたくなるのが春巻きでしょう。サクサクした歯ざわり、甘酸っぱいつけダレ。レタスや香草が山積みのお盆が目に浮かんだまさみ。**đừng** は禁止を表します。**否定の語句＋ nữa** は「もう〜ない」の意味ですから、ここでは「もう言わないで」と言っているのです。**ác** は「悪質だ」「極悪だ」を意味します。空腹時においしい食べものの名を連呼するのは、悪質そのものです。

⑤の **thích** は「好きだ」の意味のほかに、**thích ＋動詞**のかたちで「〜したい」と言います。「留学する」は **du học** や **lưu học** を使って表します。

最後の会話では、ナムがベトナム留学を熱望するのぞみを見ながら、ベトナムに **say mê** 「夢中になる」「夢中だ」と喜んでいます。

この本を読み通してくださったみなさんも、すでに **say mê Việt Nam** 「ベトナムに夢中」なのだと確信しています。身近にいるベトナム人とのつながりを深めながら、ベトナム語という深い世界にどんどん「沼って」いってくださいね。

◎「しっかりつながる」一覧

著者紹介
田原洋樹（たはら・ひろき）
立命館アジア太平洋大学教授。専門はベトナム語（特に 1975 年以前の旧ベトナム共和国のベトナム語）、ベトナムの歌謡曲。
著書：
『ベトナム語のしくみ』『くわしく知りたいベトナム語文法』『ベトナム語表現とことんトレーニング』（すべて白水社）。
『パスポート初級ベトナム語辞典』（共編、白水社）。

つながるベトナム語会話

2022 年 8 月 15 日　印刷
2022 年 9 月 5 日　発行

著　者　©　田　原　洋　樹
発行者　　　及　川　直　志
印刷所　　株 式 会 社 三 秀 舎

発行所　〒101-0052 東京都千代田区神田小川町 3 の 24
電話 03-3291-7811（営業部），7821（編集部）　　株式会社白水社
www.hakusuisha.co.jp
乱丁・落丁本は送料小社負担にてお取り替えいたします。

振替　00190–5–33228　　Printed in Japan　　誠製本株式会社

ISBN978-4-560-08946-0

パスポート初級 ベトナム語辞典

田原洋樹／グエン・ヴァン・フエ／
チャン・ティ・ミン・ヨイ［編］

ベトナム語が身近に感じられる新たなスタン
ダード．ベトナム人も喜んでくれる「ベトナ
ム語らしさ」が身につく辞書．見出し語は約
4200語．巻末には度量衡や名詞・性詞・動
詞句の関連単語一覧と日本語ベトナム語索引
付． B6判 433頁

くわしく知りたいベトナム語文法

田原洋樹［著］

学習者が間違いやすい点を挙げながら，ベト
ナム語の骨組みや考え方，よりベトナム語ら
しい表現についてじっくりと解説していきま
す．学習者の「なぜ？」に応える待望の文法書．
A5判 227頁【CD付】

白水社